# Lieblingsmensch fürs Leben?

## Über die Suche nach dem passenden Ehepartner

Philip Nunn

Philip Nunn

me
+
you

# LIEBLINGSMENSCH FÜRS LEBEN?

Über die Suche nach dem passenden Ehepartner

Philip Nunn
**Lieblingsmensch fürs Leben?**
*Über die Suche nach dem passenden Ehepartner*
Englischer Originaltitel:
**Pre-Marriage Relationships**
*About the search for a Christian life partner*

CV Best.-Nr. 271 414
CV ISBN 978-3-86353-414-1
MNR Best.-Nr. 180077
MNR ISBN 978-3-85810-353-6

Wenn nicht anders angegeben,
wurde folgende Bibelübersetzung verwendet:
Revidierte Elberfelder Bibel
© 1985/1991/2006 SCM R.Brockhaus
im SCM-Verlag GmbH & Co. KG, Witten.

Außerdem wurde verwendet:
Schlachter-Übersetzung, © 2000, CLV, Bielefeld (SLT).

1. Auflage
© 2017 Christliche Verlagsgesellschaft Dillenburg
www.cv-dillenburg.de
Übersetzung: Frank Schönbach
Illustrationen im Innenteil: Martine Konijn-Lemkes
Satz und Umschlaggestaltung:
Christliche Verlagsgesellschaft Dillenburg
Umschlagmotiv: © Shutterstock.com/Marfa Sobakina
Druck: GGP Media GmbH, Pößneck
Printed in Germany

# INHALTSVERZEICHNIS

Vorwort . . . . . . . . . . . . . . . . . . . . . . . 7

Einleitung . . . . . . . . . . . . . . . . . . . . . 10

1. Beziehe Gott in deine Suche mit ein . . . . . 12

2. Lerne, dich an und mit anderen zu freuen . . 19

3. Singledasein, Ehe und Reinheit . . . . . . . 26

4. Das „Fischteich"-Modell . . . . . . . . . . . 34

5. Romantische Liebe und feste Beziehung . . 43

6. Verschiedene Kulturen, Erwartungen und Kommunikation . . . . . . . . . . . . . . . . 52

7. Sieben Fragen, die immer wieder gestellt werden . . . . . . . . . . . . . . . . 69

8. Wie man eine Liebesbeziehung beenden sollte . . . . . . . . . . . . . . . . 83

Schluss . . . . . . . . . . . . . . . . . . . . . . 89

# VORWORT

Jede Generation von Christen muss sich neu der Herausforderung stellen, Gottes Pläne für Ehe und Singledasein zu verstehen und sie in einer attraktiven und zu der jeweiligen Kultur passenden Form auszuleben. Was können wir über die Vorbereitungsphase aussagen, diese besondere Zeit, die einer Ehe vorausgeht? In diesem kleinen Buch möchte ich dich dazu einladen, die relevanten Bibelstellen, Prinzipien und Argumente mit mir durchzudenken. Ich bin mir sehr wohl bewusst, dass unsere wichtigen Lebensentscheidungen, natürlich auch in Bezug auf Singledasein und Ehe, mehr von unserem Herzen als von unserem Verstand beeinflusst werden. Vernünftige Argumente allein werden es wahrscheinlich kaum fertig bringen, unser Verhalten zu ändern. Warum also ein Buch zu diesem Thema? Weil ich genauso fest davon überzeugt bin, dass der Heilige Geist noch immer die Bibel und einleuchtende Argumente dazu nutzt, um unsere Herzen zu verändern. Und sobald unser Herz richtig tickt, verhalten wir uns ganz automatisch so, dass wir Gott damit verherrlichen – auch wenn es nicht immer einfach ist.

Heute leben in unseren Städten verschiedene Kulturen dicht beieinander. Man braucht nicht mehr weit zu reisen, um sich in jemanden aus einer anderen Kultur zu verlieben. Interkulturelle Beziehungen tragen ihre eigenen Freuden, aber auch Herausforderungen in sich. Wenn du über eine solche Beziehung nachdenkst, solltest du unbedingt die Kapitel 5 und 6 beherzigen.

Meine Frau Anneke (aus den Niederlanden) und ich (aus England) wurden mit vier Kindern gesegnet. Momentan sind sie zwischen 18 und 26 Jahren alt. Die Älteste ist verheiratet, und zwei der drei weiteren bereiten sich in einer festen Beziehung auf die Ehe vor. Was du gleich lesen wirst, ist also keine rein theoretische Auseinandersetzung. Obwohl ich einen großen Teil meiner Zeit in die biblische Lehre und den seelsorgerlichen Dienst investiere, schreibe ich diese Seiten zuallererst als ein Vater: aus Liebe und Fürsorge für unsere Kinder, für ihre Freunde und auch für diejenigen unter euch, die zu ihrer Generation gehören. Während der Lebensphase, in der du deine Beziehungen auf dem Weg zu einer Ehe aufbaust, legst du nicht nur die moralische Grundlage für deine eigene Ehe, sondern auch für die Generation nach dir.

Ich widme diese Seiten meinen verstorbenen Großeltern Harm und Rie Wilts, die den Herrn liebten, sein Wort in Ehren hielten und ihre zwischenmenschlichen Beziehungen pflegten. Ihre Worte und ihr Lebensstil hatten einen positiven Einfluss auf ihre Generation und auf die Generation nach ihnen.

Ich bete dafür, dass der Heilige Geist die Worte auf diesen Seiten dazu nutzt, um diejenigen von euch zu unterstützen und zu inspirieren, die Gott auch schon durch ihre Beziehungen vor der Ehe ehren möchten. Auch Eltern, Beratern und Jugendbetreuern kann dieser Text Hilfestellung geben, um der nachfolgenden Generation eine liebevolle biblische Leitung zu vermitteln.

**„Eine Leuchte für meinen Fuß ist dein Wort,
ein Licht für meinen Pfad."**
Psalm 119,105

Philip Nunn
Eindhoven, NL
2017

# EINLEITUNG

Jede Kultur hat ihre eigene Art, den Stand der Ehe öffentlich auszudrücken; es gibt immer eine bestimmte, eindeutige Form, die deutlich macht, dass dieser Mann und diese Frau zusammengehören, dass sie beide eine besondere und ausschließliche Einheit bilden. Es ist ebenso wahr, dass jede Kultur über ihre eigene Form oder „Methode" verfügt, nach der sich ein Paar begegnet und auf eine eheliche Beziehung zu entwickelt. In einigen Gesellschaften üben die Eltern den bestimmenden Einfluss aus, in anderen sind die Paare selbst vollkommen frei in ihrer Wahl. In manchen Kulturen sind Liebe und Verliebtsein die Kräfte, die ein Paar zur Eheschließung bewegen. In anderen Kulturen werden Liebe und manchmal sogar auch das Verliebtsein erst nach der Eheschließung entdeckt oder gelernt.

## Die richtige biblische Vorgehensweise

Viele versuchen, in der Bibel die „korrekte" Methode zu finden, wie Christen in ihren Beziehungen vorgehen sollten, wenn sie heiraten möchten. Die Bücher der Bibel wurden über einen Zeitraum von anderthalb Jahrtausenden geschrieben, und wir finden darin eine ganze Anzahl von

Heiratsgeschichten mit ihren jeweils eigenen „Methoden". Adam wachte auf, und da war Eva – Gott brachte sie zu ihm. Isaak kam vom Feld, und da war Rebekka – Abrahams Knecht hatte sie zu ihm gebracht. Von ihrer ersten Begegnung an betrachtete man sie als verheiratet. König Saul bot eine seiner Töchter dem Mann zur Heirat an, der Goliath töten würde. Simson liebte ein Mädchen und bat seine Eltern darum, sie für ihn zu erwerben. Im Neuen Testament lesen wir, dass „Maria ... dem Josef verlobt war" (Mt 1,18). Diese Verlobung könnte man als eine ausschließliche, treue und nicht-sexuelle Beziehung beschreiben, die später in die Ehe mündete. In den apostolischen Briefen finden wir Anweisungen darüber, wie man sich in einer Ehe verhalten soll, aber keine Richtlinie für den Prozess oder die „Methode", die Christen bei der Suche nach einem Ehepartner befolgen sollten.

Wir können daraus schließen, dass es keine „korrekte biblische Methode" für den Weg zur Ehe gibt. Das bedeutet aber nicht, dass es dem Herrn gleichgültig ist, wie wir bei der Suche nach einem Lebenspartner vorgehen. Die Bibel enthält göttliche Werte und Prinzipien, die alle unsere Entscheidungen beeinflussen und leiten sollen, auch die Entscheidungen, die zu einer Eheschließung führen.

# 1
## BEZIEHE GOTT IN DEINE SUCHE MIT EIN

Es ist ein sehr wertvoller Rat, den König Salomo vor etwa 3000 Jahren gab, wenn du auf der Suche nach einem Ehepartner bist: „Vertraue auf den HERRN mit deinem ganzen Herzen und stütze dich nicht auf deinen Verstand! *Auf all deinen Wegen erkenne nur ihn,* dann ebnet er selbst deine Pfade!" (Spr 3,5-6). Wenn du Christ bist, dann lade den Herrn ganz bewusst dazu ein, bei deiner Partnersuche mit dabei zu sein. Such nach Möglichkeit von Anfang an seine Führung, noch bevor du dich verliebst. Egal, in welcher Situation du dich gerade befindest, er hat einen guten Weg für dich und möchte dich führen. Bist du bereit, ihn auf diesem wichtigen Gebiet deines Lebens zu „erkennen"?

Manchmal greift Gott auf übernatürliche Weise in Form einer ganz speziellen Führung ein, oder vielleicht „schließt er eine Tür", um eine bestimmte Möglichkeit aus deinem Leben auszuschließen. Normalerweise leitet Gott uns als Christen jedoch dadurch, dass er uns sein Wort lebendig werden lässt. Wenn wir in der Bibel eine klare Anweisung oder eine Grenze finden, dann erwartet Gott, dass wir uns seinem weisen Rat unterordnen. Vergessen wir nicht, dass auch Leitplanken an Bergstraßen zu unserem Schutz angebracht wurden; sie schränken zwar unsere Freiheit ein, aber das ist zu unserem eigenen Vorteil. Obwohl die Bibel Gebote und Begrenzungen enthält, sind es doch relativ wenige. Wenn es um Leitung und Entscheidungsfindung geht, dann bevorzugt Gott es eindeutig, mit „Prinzipien" zu arbeiten, um durch eine Veränderung unseres Denkens auch unsere Handlungsweise zu verändern. Er möchte, dass seine Söhne und Töchter seine eigenen Werte und Prioritäten übernehmen, die gewöhnlich deutlich anders sind als die, die in der uns umgebenden Gesellschaft maßgeblich sind. „Und seid nicht gleichförmig dieser Welt, sondern werdet verwandelt durch die Erneuerung des Sinnes, dass ihr prüfen mögt, was der Wille Gottes ist: das Gute und Wohlgefällige und Vollkommene" (Röm 12,2).

Die weisen und gesunden Grundsätze, die wir in der Bibel finden, sind dazu bestimmt, alle Bereiche unseres Lebens zu beeinflussen. Sie wurden für alle Christen in allen Kulturen und zu allen Zeiten gegeben. Menschen mit einem „erneuerten Herzen" werden bestrebt sein, auch „ihren Sinn zu erneuern"; Menschen, die Gott lieben, wollen auch so denken wie er und ihm mit ihrem Leben gefallen. Es folgen nun vier grundlegende biblische Prinzipien, die uns bei allen unseren Entscheidungen helfen sollen, also auch bei der Auswahl unserer Freunde, bei der Suche nach einem Lebenspartner und schließlich auf dem Weg zur Ehe.

## 1. Eigentümer: Wem gehörst du?

Als wir Christen wurden, geschah etwas Grundlegendes: Wir erkannten, dass wir verlorene Sünder waren, und wandten uns an Christus, um Rettung zu finden. Frei und glücklich gaben wir unser Leben, unsere Vergangenheit, Gegenwart und Zukunft in die Hand des Herrn Jesus. Er wurde unser neuer Eigentümer und unser Chef – und er ist ein sehr guter! Der Apostel Paulus erklärte es so: „Oder wisst ihr nicht, dass euer Leib ein Tempel des Heiligen Geistes in euch ist, den ihr von Gott habt, und *dass ihr nicht euch selbst gehört?* Denn ihr seid um einen Preis erkauft worden ..." (1Kor 6,19-20). Es ist sehr wichtig, das nicht zu vergessen, wenn du anfängst, nach einem Lebenspartner zu suchen. Wenn wir als Gemeinde zusammenkommen, dann fällt es uns für gewöhnlich etwas leichter, zu einer eingängigen Melodie positiv über unsere Hingabe und unseren Eigentümer zu singen. Aber dann kommt der Montag. Dann stehen wir vor unseren schwierigen Entscheidungen. Dieser Kampf ist nicht neu. Vor 2000 Jahren fragte der Herr Jesus seine Nachfolger: „Was nennt ihr mich aber: Herr, Herr!, und tut nicht, was ich sage?" (Lk 6,46). Es führt zu einem natürlicheren Gehorsam, wenn du das Besitzrecht Christi auf dein Leben immer wieder neu bestätigst.

## 2. Lebensziel: Was möchte Gott mit dir erreichen?

Der Herr Jesus kam auf die Erde, um sein Leben zu geben, damit Vergebung und ewige Errettung für uns möglich wurden. Aber bei unserer Bekehrung kommen wir nicht sofort in den Himmel, sondern wir bleiben zu einem bestimmten Zweck auf der Erde. Wir haben hier noch einen Auftrag (eine „Mission"). Was hat er mit uns vor? Die Bibel macht klar, dass wir erschaffen wurden, um Gott zu verherrlichen, ihn anzubeten und ihm zu dienen (Mt 4,10). Unsere Gaben, unser familiärer Hintergrund, unsere Gesundheit und unsere Erfahrungen im Leben werden alle von Gott dazu gebraucht, um sein Ziel für unser Leben zu erreichen. Auf dem Weg zu seinem großen Ziel sind manche zum Singledasein berufen, andere zu einem Leben als Eheleute. Nach seiner Bekehrung beschrieb der Apostel Paulus eine neue Leidenschaft in seinem Leben: „Denn das Leben ist für mich Christus" (Phil 1,21). Alle seine Lebensentscheidungen wurden von dem Wunsch beeinflusst, Christus zu gefallen: „Nicht, dass ich es schon ergriffen habe oder schon vollendet bin; ich jage ihm aber nach, ob ich es auch ergreifen möge, weil ich auch von Christus Jesus ergriffen bin" (Phil 3,12). Wenn du in keine bestimmte Richtung willst, dann kannst du jeden beliebigen Bus nehmen! Wenn du aber ein festes Ziel hast, dann ist es sehr wichtig, in welchen Bus du einsteigst. Die Partnerwahl wird die Richtung deines Lebens stark beeinflussen. Sieh zu, dass du entsprechend deiner Berufung lebst. Bitte den Herrn um einen Partner/eine Partnerin, der/die mit dir ein „brauchbares Team" im Reich Gottes bilden kann.

### 3. Unterschied: Wie sieht Gott dich?

Gott sieht uns Christen als eine neue Schöpfung, als ein auserwähltes Volk, als eine heilige Nation, als sein Volk. Der Herr Jesus betete für dich und mich und sagte: „Ich bitte nicht, dass du sie aus der Welt wegnimmst, sondern dass du sie bewahrst vor dem Bösen. *Sie sind nicht von der Welt,* wie ich nicht von der Welt bin" (Joh 17,15-16). Wir leben auf der Erde und nehmen hier am gesellschaftlichen Leben teil, aber wir gehören nicht hierher. Wir sind keine gewöhnlichen Menschen mit einem bisschen zusätzlichen Glauben oder Religion. Wir Christen haben eine andere Bestimmung. In Gottes Augen ist der Unterschied zwischen einem Christen und einem Nichtchristen real und fundamental; wir unterscheiden uns, genau wie er, von ihnen wie das Licht von der Finsternis: „Denn einst wart ihr Finsternis, jetzt aber seid ihr Licht im Herrn. Wandelt als Kinder des Lichts" (Eph 5,8). Gott möchte uns nicht im ungleichen Joch mit einem Nichtchristen haben, und zwar nicht deshalb, weil wir bessere Menschen wären, sondern weil wir ganz *andersartig* sind: „Geht nicht unter fremdartigem Joch mit Ungläubigen! Denn welche Verbindung haben Gerechtigkeit und Gesetzlosigkeit? Oder welche Gemeinschaft Licht mit Finsternis?

Und welche Übereinstimmung Christus mit Belial? Oder welches Teil ein Gläubiger mit einem Ungläubigen?" (2 Kor 6,14-15). In uns Christen wohnt der Heilige Geist, und wir sind heilige (für ein bestimmtes Ziel abgesonderte) Menschen. Wir sind aufgefordert, uns selbst so zu sehen, wie Gott uns sieht – und entsprechend zu leben.

## 4. Gehorsam: Ist Gott vertrauenswürdig?

Die Grundlage unserer Beziehung zu Gott ist die Liebe. Wir lieben Gott, weil er uns zuerst geliebt hat. Aber Liebe ist mehr als ein Gefühl. Die Bibel verbindet Liebe mit Gehorsam. Der Herr Jesus erklärte: „Wie der Vater mich geliebt hat, habe auch ich euch geliebt. Bleibt in meiner Liebe! *Wenn ihr meine Gebote haltet,* so werdet ihr in meiner Liebe bleiben, wie ich die Gebote meines Vaters gehalten habe und in seiner Liebe bleibe. Dies habe ich zu euch geredet, damit meine Freude in euch sei und *eure Freude völlig werde"* (Joh 15,9-11). Christlicher Gehorsam ist weder gedankenlose Unterordnung unter die Gemeindeleiter noch mechanische Erfüllung eines Systems religiöser Regeln. Christlicher Gehorsam ist freiwillige Unterordnung unter einen liebenden und weisen Gott, unter jemanden, der uns zu einem bestimmten Zweck erschaffen hat, der sein Leben gegeben hat, um uns zu erlösen, der uns in seine Familie aufgenommen hat, und der sich wünscht, dass wir die Ewigkeit mit ihm verbringen! Ganz sicher hat er sich schon als vertrauenswürdig erwiesen. Wer sonst könnte so gut, so freundlich und so treu sein? Du hast einmal vertrauensvoll die ewige Bestimmung deiner Seele in Gottes Hände gelegt. Bist du auch dazu bereit, ihm jetzt dein Leben auf der Erde anzuvertrauen? Wirst du ihm auch bei der Wahl deines Ehepartners vertrauen bzw. mit der Entscheidung, ob du überhaupt heiraten sollst?

Du hast sicher festgestellt, dass es in diesem ersten Kapitel um Herzensfragen ging. Wir wissen alle, dass Regeln, Richtlinien und Vorschläge einen eher begrenzten Einfluss auf unser Verhalten haben. Es ist vor allem unser Herz, das unsere Taten kontrolliert.

Pause zum Nachdenken:

Bevor du weiter liest, nimm dir doch bitte etwas Zeit, um über diese vier biblischen Prinzipien nachzudenken:

Kann ich ihnen zustimmen? Spüre ich, dass der Heilige Geist mich zu einer tieferen Hingabe an Christus ermutigen möchte?

Wenn dir bewusst geworden ist, dass du jetzt eine wichtige Herzensentscheidung treffen musst, dann rate ich dir, dieses Buch zur Seite legen und dir zunächst Zeit zu nehmen, um dem Herrn zu antworten. Wenn dein Herz die richtige Einstellung hat, dann wirst du wesentlich mehr Nutzen von dem haben, was noch folgt.

# 2
# LERNE, DICH AN UND MIT ANDEREN ZU FREUEN

Die meisten Sprachen haben verschiedene Wörter, um die einzelnen Entwicklungsstufen einer Beziehung zwischen Mann und Frau zu beschreiben. Normalerweise durchläuft die Beziehung eines Paares drei Stufen: (1) eine allgemeine freundschaftliche Beziehung, (2) eine zeitweilige, romantisch-verliebte, feste und ausschließliche Zweierbeziehung, und schließlich (3) eine Beziehung als Ehepartner. Bist du ein junger Christ oder eine Christin, der/die alle diese Lebensabschnitte genießen möchte, aber so, dass es Gott auch gefällt? Der Psalmist fragte: „Wodurch hält ein Jüngling seinen Pfad rein? Indem er sich bewahrt nach deinem Wort" (Ps 119,9). Wir sind dazu aufgefordert, die eben besprochenen, von Gott gegebenen biblischen Grundsätze unser Denken und Handeln während aller drei Stufen einer Beziehung beeinflussen zu lassen. Wenn du heiraten möchtest, dann sollte dein zukünftiger Ehepartner zunächst einmal in deinen engeren Freundeskreis kommen. Es ist deshalb wichtig, für Freundschaften offen zu sein, selbst ein guter Freund zu sein, und bei der Wahl seiner engen Freunde nicht gedankenlos zu sein.

### *Einen Freundeskreis aufbauen*

Das ist ein Teil unseres normalen sozialen Verhaltens. Unser Freundeskreis kann ein breites Spektrum verschiedener Beziehungen beinhalten, von flüchtigen Bekanntschaften bis hin zu engen und guten Freundschaftsbeziehungen. In der Bibel lesen wir von oberflächlichen Freunden, die nur bei uns sind, weil sie etwas von uns wollen: „Reichtum verschafft immer mehr Freunde; aber der Geringe – sein Freund trennt sich von ihm" (Spr 19,4). Aber da ist auch die Rede von echten Freunden, die uns so, wie wir sind, akzeptieren, lieben und wertschätzen: „Ein Freund liebt zu jeder Zeit" (Spr 17,17). Ein echter Freund wird uns die Wahrheit ins Gesicht sagen, auch wenn das vielleicht mal wehtut: „Treu gemeint sind die Schläge dessen, der liebt" (Spr 27,6). Ist dir schon einmal aufgefallen, was für einen starken und positiven Einfluss gute Freunde auf deine eigenen Werte, Vorlieben, Prioritäten und deinen Lebensstil haben?

Weil die Bibel diesen starken Einfluss von Freundschaften kennt, enthält sie auch Worte der Warnung, wie etwa: „Irrt euch nicht: Schlechter Umgang verdirbt gute Sitten" (1Kor 15,33). Es gibt „gute" und „schlechte Gesellschaft". Wir erkennen gut oder schlecht nicht daran, wie viel Spaß wir miteinander haben, sondern daran, wie sich eine Freundschaft auf unseren Charakter auswirkt – darauf, wie wir denken und mit anderen umgehen. Die gottlose gesellschaftliche Strömung, in der wir leben, ist sehr stark. Wenn wir nicht bewusst einen festen Standpunkt beziehen, werden wir allmählich ihre Werte und moralischen Maßstäbe übernehmen; wir werden uns dort wohlfühlen, wo Christus abgelehnt wird, und beginnen, die Welt zu lieben (1 Jo 2,15), wie die Bibel es ausdrückt. Und hier ist die Bibel sehr klar: „Wer nun ein Freund der Welt sein will, erweist sich als Feind Gottes" (Jak 4,4). Wenn unser Ziel darin besteht, dem Herrn Jesus immer ähnlicher zu werden, dann werden wir großen Gewinn davon haben, unsere Zeit mit Gleichgesinnten zu verbringen. Welchen Einfluss hat dein augenblicklicher Freundeskreis auf deinen Charakter? Müsste sich da etwas verändern? Hier nun einige Tipps, wie man gesunde Freundschaften schließen kann:

*(a) Schließe und pflege Freundschaften:*
In einer guten Freundschaft werden wir nicht immer nur geben oder nur empfangen. Es muss dabei Wünsche und Initiativen von beiden Seiten geben. Wenn eine Freundschaft dauerhaft sein soll, ist es notwendig, dass wir immer wieder bereit sind, Opfer zu bringen und etwas in diese Beziehung zu investieren. Für manche ist das ganz normal, andere müssen es erst lernen.

*(b) Wähle deinen engsten Freundeskreis sorgfältig aus:*

Mit der Zeit werden einige Leute unsere ganz besonderen Freunde. Wir wissen sehr viel voneinander und kümmern uns intensiver umeinander. Aus einer größeren Zahl von Freunden entwickeln wir einen Kreis von *engen Freunden*. Wenn du heiraten möchtest, denk daran, dass dein Zukünftiger/deine Zukünftige zunächst in deinen allgemeinen und später in deinen engeren Freundeskreis kommen wird. Sei zielbewusst und vorsichtig in der Frage, wer in deinen inneren Freundeskreis kommt. Lass es nicht einfach so passieren. Entscheide bewusst!

*(c) Kluges „Fischen":*

Die Forelle ist meistens ein Flussfisch. Wenn du Forellen fangen möchtest, dann mietest du kein Boot und fährst hinaus auf hohe See. Du wirst dort nicht viele Forellen finden. Wenn du gute christliche Freunde und vielleicht auch einen Lebenspartner finden möchtest, wo musst du dann fischen? Wenn du von einem „Forellenliebhaber" gefangen werden möchtest, wo wirst du dann herumschwimmen? Es macht einfach Sinn, bewusst zu suchen und zu Veranstaltungen zu gehen oder an Projekten teilzunehmen, bei denen du andere Christen treffen und mit ihnen Kontakte aufbauen kannst.

*(d) Lerne, dich an unterschiedlichen Leuten
zu freuen:*
Wir sind als soziale Wesen erschaffen, und das
Alleinsein ist für uns Menschen nicht gut. Freundschaften sind ein Geschenk Gottes; sie bringen
Freude und Vergnügen in unser Leben. Wenn du
ein Freund bist, dann wirst du Freude in die Herzen anderer bringen und auch dein eigenes Leben
dadurch bereichern. Mit vielen Freunden, sowohl
Männern als auch Frauen, kann man Spaß haben
und schöne gemeinsame Erfahrungen machen.
Konzentriere dich nicht allzu früh auf nur eine
Person.

### Ein paar Tipps
Tu dein Möglichstes, damit deine Partnersuche
nicht zum Zwang wird. Menschen, die den Ein-
druck vermitteln, dass sie ständig auf Partnersuche sind, gehen ihrer Umgebung bald ziemlich auf
die Nerven. Lerne, die Sache entspannt anzugehen
und die Gemeinschaft anderer Menschen zu genießen. Verfall aber auch nicht in das andere Extrem,
dass du meinst, alle anderen wären nur darauf aus,
sich dich zu angeln. Sei vorsichtig, aber nicht arro-
gant. Denk daran, dass andere dich nicht kennen-
lernen können, wenn du dich nicht irgendwann
selbst ein bisschen bekannt machst. Du verpasst
einen Teil deiner sozialen Entwicklung und viel
Freude im Leben, wenn du deine Zeit und Energie
ausschließlich auf Freundschaften mit potenziel-
len Lebenspartnern konzentrierst.

### *Frei zur Eheschließung im Herrn*

Wenn du über eine Ehe nachdenkst, dann solltest du ganz eindeutig zur Kenntnis nehmen, dass die Bibel die Gläubigen konsequent dazu anhält, im Glauben zu heiraten, und dass sie ebenso konsequent eine Ehe mit einem Partner ablehnt, der nicht zur „Familie Gottes" gehört. Als Gottes Volk Israel in das verheißene Land einzog, gab Gott ihnen klare Anweisungen, niemanden aus anderen Nationen zu heiraten. „Und du sollst dich nicht mit ihnen verschwägern. Deine Tochter darfst du nicht seinem Sohn geben, und seine Tochter darfst du nicht für deinen Sohn nehmen" (5Mo 7,3). Warum? Gebote wie dieses wurden nicht gegeben, um die Überlegenheit der hebräischen Rasse herauszustellen, sondern aus geistlichen Gründen, um nämlich die Israeliten, ihre Verwandten und mögliche Nachkommen davor zu bewahren, vom Glauben an den wahren Gott abgezogen zu werden, „... denn er (der Ausländer) würde deinen Sohn von mir abwenden, dass er andern Göttern dient" (V. 4). Auch Nichtchristen können anständig und nett sein. Eine Nichtchristin kann ein wirklich „tolles Mädchen" sein, ein Nichtchrist ein „fürsorglicher und verantwortungsbewusster junger Mann".

Im Neuen Testament finden wir die gleiche Botschaft: „Geht nicht unter fremdartigem Joch mit Ungläubigen! Denn welche Verbindung haben Gerechtigkeit und Gesetzlosigkeit? Oder welche Gemeinschaft Licht mit Finsternis? Und welche Übereinstimmung Christus mit Belial? Oder welches

Teil ein Gläubiger mit einem Ungläubigen?" (2Kor 6,14-15). Eine christliche Witwe ist frei zur Wiederheirat, aber unter der Bedingung, dass der neue Ehemann zum Herrn gehören muss (1Kor 7,39). Diese Leitlinien sind zu unserem eigenen Nutzen gegeben und zum Nutzen unserer eventuellen Nachkommen. Wie immer segnet Gott diejenigen, die ihm vertrauen und gehorchen.

Pause zum Nachdenken:

Ist die Suche nach einem Lebenspartner für mich zu einem Zwang geworden? Sollte ich etwas ändern, um mich besser an anderen Leuten freuen zu können? Bin ich ein guter Freund? Wer gehört zu meinem engsten Freundeskreis?

# 3
## SINGLEDASEIN, EHE UND REINHEIT

Wir alle sind dazu berufen, zumindest einen Teil unseres Lebens als Single zu verbringen. Wir alle erleben das Alleinsein vor einer Ehe, einige auch nach einer Ehe oder zwischen zwei Ehen, wieder andere lebenslang. Als allgemeine Regel lesen wir: „Es ist nicht gut, dass der Mensch allein sei" (1Mo 2,18). Wie also sollten wir als Christen das Singledasein sehen?

### Singledasein, Ehe und Menschenwürde

Im Judentum werden Ehe und Familienleben im Allgemeinen sehr wertgeschätzt, und das Alleinleben wird oft als ein Zustand zweiter Klasse angesehen – als sei ein eheloses Leben weniger heilig, weniger vollständig und weniger jüdisch. Auch im Christentum sind Ehe und Familienleben hoch angesehen, aber anders als im Judentum haben Singledasein und Ehe einen gleich hohen Status. Für lange Zeit hielten allerdings viele Christen das Alleinsein für ehrenhafter als eine Ehe. Sie erbauten überall in der Welt Klöster, in denen das Zölibat (Ehelosigkeit) eine Grundvoraussetzung war. Das Wort „Mönch" geht zurück auf das griechische *monachos,* was wiederum abgeleitet ist von *monos,* „allein". Die Bibel stellt uns jedoch Ehe und Alleinsein als zwei gleichwertige, ehrenhafte Lebensformen vor.

Der Herr Jesus war vollkommen in seinem Menschsein, Er war in jeder Hinsicht so, wie ein Mensch sein sollte, dennoch wählte er die Ehelosigkeit. Wir können daraus schließen, dass eine Heirat nicht notwendigerweise zur Vollständigkeit unserer menschlichen Daseinserfahrung gehört. Als der Herr Jesus über Ehelosigkeit und Ehe lehrte, betonte er, dass das Alleinsein für manche eine freie Wahl darstellte, während anderen diese Lebensform auferlegt werden würde – durch gewisse Lebensumstände oder durch andere Menschen. Wieder anderen würde es aufgrund von angeborenen Mängeln niemals möglich sein, zu heiraten. Der Herr erklärte es so: „Denn es gibt Verschnittene[1], die von Mutterleib so geboren sind; und es gibt Verschnittene, die von den Menschen verschnitten worden sind; und es gibt Verschnittene, die sich selbst verschnitten haben um des Reiches der Himmel willen. Wer es fassen kann, der fasse es" (Mt 19,12). Und doch kann jede einzelne dieser Lebensformen voll ausgelebt werden „für das Reich Gottes" und zur Verherrlichung Gottes.

Der Apostel Paulus sprach positiv über das Alleinleben, und er empfahl es als eine vollwertige

---

1 „Verschnittener" ist ein alter Ausdruck für Kastrat oder Eunuch; das waren Männer, die durch einen Eingriff zeugungsunfähig gemacht wurden und die es als hohe Beamte an verschiedenen Königshöfen gab. (AdÜ)

und ehrenhafte Lebensweise. Er erlebte seine eigene Ehelosigkeit als eine „Gabe von Gott" und ermunterte andere dazu, es auch so zu sehen: „Ich wünsche aber, alle Menschen wären wie ich; doch jeder hat seine eigene Gnadengabe von Gott, der eine so, der andere so ... Wenn sie sich aber nicht enthalten können, so sollen sie heiraten, denn es ist besser, zu heiraten, als vor Verlangen zu brennen" (1Kor 7,7.9).

### Single sein, aber doch nicht alleine

Manche Männer und Frauen suchen sich das Singledasein selbst aus. Andere leben unfreiwillig als Single. Sie würden es unbedingt vorziehen, ihr Leben mit einem liebenden Partner zu teilen, Kinder zu haben und in einer Familie zu leben ... aber der Herr hat es ihnen nicht geschenkt. In solchen Situationen ist es wichtig, uns daran zu erinnern, dass sowohl das Alleinsein als auch die Ehe in der Bibel als eine „Gnadengabe von Gott" bezeichnet werden (1Kor 7,7). Gaben sind nicht immer Dinge, die wir uns selbst aussuchen. Gaben sind Dinge, die wir von einem Geber empfangen. Unser Vater im Himmel ist ein guter Gott, und so sind auch alle seine Gaben gut (Jak 1,17). Das Vertrauen in die Liebe, die Weisheit und die Güte des Gebers wird uns von zerstörerischen Gedankenmustern abbringen, die in uns Wut, Selbstmitleid oder Depression auslösen können.

Wenn du eine Zeit des Alleinseins erlebst, dann lerne, einige der Vorteile zu genießen, die das mit sich bringt. Entwickle Freundschaften und verwende deine Energie und deine Möglichkeiten dazu, Gott und anderen Menschen zu dienen. In diesem Dienst kannst du Freude und Erfüllung erfahren. Der Apostel Paulus betonte, dass ein unverheirateter Gläubiger „ehrbar und beständig ohne Ablenkung beim Herrn" bleiben kann (1Kor 7,32-35). Es ist gut und richtig, einen Ehepartner zu suchen, aber wie schon gesagt: Lass nicht zu, dass das Verlangen zu heiraten eine alles verzehrende Leidenschaft wird. Genieß deine Jahre als Single. Denk dabei auch daran, dass ein glücklicher Mensch wesentlich attraktiver auf andere wirkt als ein verzweifelter!

## *Die Ehe als Bund*

In den verschiedenen Völkern gelten verschiedene Maßstäbe, ab wann jemand offiziell als verheiratet gilt, aber ihnen allen ist gemeinsam, dass ab einem bestimmten Zeitpunkt jeder weiß, dass dieser Mann und diese Frau zusammengehören. Wenn ein Außenstehender versucht, in eine solche Beziehung einzudringen, bekommt er ernste Probleme. Die Ehe ist eine Gabe Gottes an die ganze Menschheit, nicht nur an die Gemeinde, und deshalb sind Nichtchristen genauso verheiratet wie

Christen! Der Christ leitet sein Verständnis von der Ehe jedoch aus der Bibel ab. In der Bibel wird die Ehe als Bund beschrieben (Mal 2,14-15). Ein Bund ist die dauerhafteste und verbindlichste Art einer Vereinbarung oder Absprache, die in der Bibel bekannt ist. Der Akt der Eheschließung ist eindeutig mehr als ein Stück Papier oder eine nützliche soziale Gewohnheit.

### Zusammenleben vor der Ehe?

Als der Herr Jesus einmal über die Ehescheidung befragt wurde, antwortete er mit dem wohlbekannten Zitat aus dem 1. Buch Mose: „Habt ihr nicht gelesen, dass der, welcher sie schuf, sie von Anfang an als Mann und Frau schuf und sprach: ‚Darum wird ein Mensch Vater und Mutter verlassen und seiner Frau anhängen, und es werden die zwei ein Fleisch sein' – so dass sie nicht mehr zwei sind, sondern ein Fleisch? Was nun Gott zusammengefügt hat, soll der Mensch nicht scheiden" (Mt 19,4-6).

Im Moment der Eheschließung greift Gott selbst ein und „fügt" einen Mann und eine Frau „zusammen", dich und deinen Partner bzw. deine Partnerin. Von diesem entscheidenden und öffentlichen Moment an bist du in den Augen Gottes und der Gesellschaft „nicht mehr zwei, sondern ein Fleisch" – mit allen dazu gehörenden Freuden und Verantwortlichkeiten. Eine Eheschließung erfordert, wie alle anderen in der Bibel erwähnten Bündnisse, normalerweise Zeugen, und sie sollte formell besiegelt werden. Die Ehe als ein Bund ist mehr als nur etwas

Privates oder Persönliches. Bündnisse haben auch eine soziale Dimension und werden häufig mit einer Zeremonie oder einem Ritual geschlossen. Es wird uns gesagt, dass Gott selbst ein Zeuge bei diesem Ehebund ist (Spr 2,17).

Vor der Ehe hat sexuelle Intimität keine gesunde Basis, denn ihr fehlt der Rahmen der völligen gegenseitigen Hingabe, die durch ein öffentliches Bündnis ausgedrückt wird, und somit missfällt sie Gott sehr. Innerhalb der Sicherheit und Stabilität einer ehelichen Beziehung werden das sexuelle Vergnügen am Körper des anderen und der Geschlechtsverkehr als etwas Gesundes und Schönes angesehen – ja, es wird sogar dazu ermutigt! Die klaren Grenzen für die sexuelle Intimität sind von Gott dazu gesetzt, um etwas Verletzliches und Schönes zu schützen. Daher liegt es in unserem ureigenen Interesse, sie ernst zu nehmen.

### Ehe und Pornografie

Die Pornografie übt eine starke Anziehungskraft auf Männer und Frauen aus. Unter Männern hat sie allerdings seuchenartige Ausmaße erreicht – das betrifft Männer jeden Alters, ob alleinstehend oder verheiratet – auch Christen. Mit dem technischen Fortschritt werden die Zugangsmöglichkeiten und die Sucht sicherlich noch weiter zunehmen. Mindestens drei Dinge machen Pornografie erwiesenermaßen zu einem ersthaften Problem in einer vorehelichen Beziehung. (1) Statistiken zeigen, dass eine Ehe gewöhnlich nicht das Problem einer vorher bestehenden Pornografiesucht löst. Mit anderen Worten: Es geht bei sexuellen Süchten um mehr als nur um sexuelle Befriedigung. (2) Eine weitere Statistik, die auch in der Praxis christlicher Eheberater immer offensichtlicher wird, besagt, dass Pornografiesucht eine der Hauptursachen für Ehescheidungen unter Gläubigen darstellt. (3) Der Herr Jesus erklärte: „Ich aber sage euch, dass jeder, der eine Frau ansieht, sie zu begehren, schon Ehebruch mit ihr begangen hat in seinem Herzen" (Mt 5,28). Nach den Worten des Herrn ist es also von entscheidender Bedeutung, was du dir anzusehen und vorzustellen erlaubst.

Wegen dieser erschreckenden Häufigkeit der Pornografie und ihres schädlichen Einflusses auf eine Ehebeziehung möchte ich Menschen, die wissen, dass sie in dieser Sucht feststecken, hier ganz ausdrücklich den guten Rat geben, sich Hilfe zur Befreiung von ihrer Sucht zu suchen, *bevor* sie an Heirat denken. Manche christlichen Berater würden sogar dringend dazu raten, dass jemand mit einer sexuellen Sucht die Beziehung – sogar bei schon geplanter Heirat – so lange unterbricht, bis er oder sie Befreiung von dieser Sucht erfahren hat.

Pause zum Nachdenken:

Beruft mich der Herr möglicherweise dazu, einige Jahre oder sogar mein ganzes Leben als Single zu verbringen? Was kann ich tun, um das Beste aus meiner Zeit als Single zu machen? Wir haben gesehen, dass Gott die Ehe schätzt und das Zusammenleben von Unverheirateten ablehnt. Muss sich bei mir etwas ändern, damit meine Lebensweise dem Herrn mehr gefällt?

# 4
## DAS „FISCHTEICH"-MODELL

Ich hatte bereits den Vers zitiert: „Eine Frau ist gebunden, solange ihr Mann lebt; wenn aber der Mann entschlafen ist, so ist sie frei, sich zu verheiraten, an wen sie will, nur im Herrn muss es geschehen" (1Kor 7,39). Diese Witwe ist, genauso wie jede andere unverheiratete Christin, „frei, sich zu verheiraten, an wen sie will, nur im Herrn muss es geschehen". Wie können wir diese Freiheit zum Heiraten in unserer Zeit konkret ausleben? Wie fängt man es an, einen Lebenspartner zu finden?

## *Das Modell „Der/die einzig Richtige"*

Weil wir als Christen wissen, dass Gott einen Plan für unser Leben hat, leiten manche Gläubige daraus ab, dass dieser Plan dann wohl auch den Namen des Mannes oder der Frau beinhaltet, den oder die sie heiraten sollen. Deine Aufgabe ist es daher, mit der Hilfe des Herrn unter den Millionen von möglichen Partnern in der ganzen Welt „den Richtigen/die Richtige" herauszufinden.

Ich persönlich halte dieses Modell für zu kompliziert und zu stressig. Es basiert auf der Vorstellung, dass Gottes Plan für mein Leben wie eine gerade Linie ist, und dass ich dazu berufen bin, genau auf dieser Linie zu gehen. Jede noch so kleine Abweichung wäre dann eine Missachtung des Willens Gottes, ein Versagen. Und jedes Versagen hätte ernste Konsequenzen für den Rest meines Lebens. Was ist, wenn ich das „falsche" Auto kaufe? Was ist, wenn ich Krankenpflege lerne, obwohl doch Gottes Plan für mich die Physiotherapie war? Was ist, wenn ich den „falschen" Job annehme oder den „falschen" Krankenversicherungsvertrag abschließe? Wie kann  ich sicher sein, dass ich in die „richtige" Stadt gezogen bin oder mit dem „richtigen" Mädchen verlobt bin? Was passiert, wenn ich das Mädchen heirate, das Gott eigentlich für einen anderen vorgesehen hatte? Verliere ich sie dann später wieder? Oder bin ich dann schuld daran, dass jemand anderes ledig bleiben muss?

Vielleicht ist es einfacher, wenn ich mir den Willen Gottes für mein Leben eher wie eine Fläche mit bestimmten Grenzen vorstelle statt wie eine schmale Linie. Manche Grenzen sind in der Bibel deutlich formuliert, andere ergeben sich eher aus biblischen Prinzipien, und wieder andere sind einfach spürbare Begrenzungen. Innerhalb dieser Grenzen schenkt der Herr uns die Freiheit zur Auswahl. Aus der Bibel lernen wir, dass der Herr nicht nur an der von uns getroffenen Wahl interessiert ist, sondern auch an der Art und Weise, wie wir zu unseren Entscheidungen, Wertevorstellungen und Motivationen kommen. Beziehen wir ihn in unsere Entscheidungsprozesse ein? Suchen wir seine Führung? Sind wir bemüht, sein Reich zu fördern? Vielleicht ist es dem Herrn nicht ganz so wichtig, ob ich nun einen Toyota oder einen Fiat kaufe. Er wäre aber enttäuscht, wenn ich ein Auto kaufen würde, um damit anzugeben, oder wenn ich mich durch den Kauf in unverantwortlicher Weise verschulden würde.

### Das „Fischteich"-Modell

Wenn wir uns Gottes Willen für unser Leben wie eine Fläche vorstellen, dann macht uns das Mut, die Begrenzungen dieser Oberfläche herauszufinden und danach die Freiheit zu *genießen,* uns innerhalb dieser Grenzen bewegen und frei wählen zu können. Zum Beispiel zeigt die Bibel uns für die Auswahl eines Ehepartners einige klare Grenzen: (1) Er/sie muss Christ sein – somit verschwinden alle Nichtchristen von unserer Oberfläche. (2) Darf er/sie nicht bereits verheiratet sein – das schließt alle Verheirateten von unserer Oberfläche aus. (3) Muss er ein Mann sein, wenn du eine Frau bist, und umgekehrt – damit verschwinden alle gleichgeschlechtlichen Personen von deiner Oberfläche.

Die Grenzen unserer eigenen Oberfläche können noch durch weitere Prinzipien beeinflusst oder be-stimmt werden wie z. B.: (4) Wenn du schon eine besondere Berufung Gottes für dein Leben verspürst, dann wählst du nur jemanden aus, der entweder

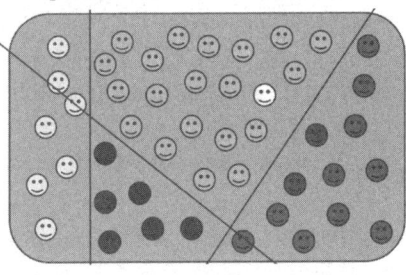

auch diese Berufung hat oder ihr positiv gegenübersteht. Du ziehst auf deiner Fläche eine weitere Grenze und schließt damit alle Personen aus, die einer solchen Berufung negativ gegenüberstehen. Darüber hinaus werden gewisse Grenzen einfach von einem gesunden Menschenverstand bestimmt. Zum Beispiel wirst du (5) manche Menschen aufgrund ihres Alters, ihres Temperaments oder ihres Bildungsstandes ausschließen. Nachdem du dir Gedanken über einige solcher Begrenzungen gemacht hast, bleiben auf deiner Oberfläche immer noch ei-

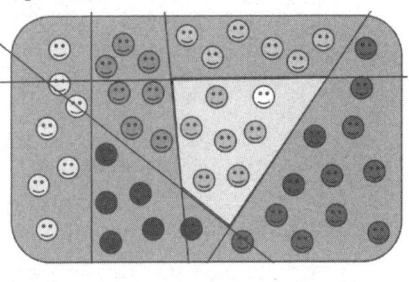

nige Kandidaten ohne „Ausschluss-Kriterien" übrig. Diese Gruppe möchte ich als „deinen Fischteich" bezeichnen. Im Moment schwimmen vielleicht drei bis vier Fische in deinem Teich, oder vielleicht ist er sogar ganz leer. Von Zeit zu Zeit kommen neue Fische in deinen Teich hinein oder schwimmen auch wieder heraus, und du hast die Freiheit, einen davon zu angeln. Wie der Apostel Paulus gesagt hat: Du bist „frei, (dich) zu verheiraten, an wen (du willst), nur im Herrn muss es geschehen" (1Kor 7,39).

### *Einige wichtige Beobachtungen*

*(a) Feste und flexible Grenzen:*
Manche Grenzen sind festgelegt, und wir haben nicht das Recht, sie zu verschieben. Zum Beispiel sollte ein Nichtchrist niemals als ein möglicher Heiratspartner in Betracht gezogen werden. Diese Grenze steht fest. Nur wenn er/sie Christ wird, sollte er/sie zu ei-

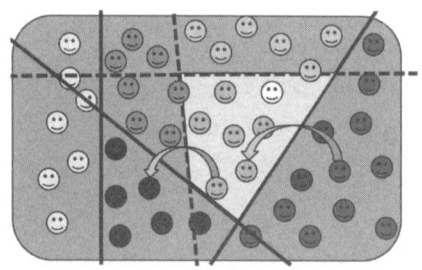

nem Fisch in deinem Teich werden. Wenn Menschen sich entwickeln und verändern, könnten sie ebenfalls in deinen Teich herein- oder aus ihm hinaus-

schwimmen. Hinsichtlich anderer Begrenzungen wie Alter, persönlicher Reife, Bildungsniveau, kulturellem Hintergrund und Ähnlichem kannst du in einem verantwortlichen Rahmen flexibel sein.

*(b) Liebe und Realismus:*
Denk immer daran, dass du selbst nicht perfekt bist und es keinen perfekten Lebenspartner gibt. Gott hat die Ehe für Menschen vorgesehen, und jeder

Mensch hat seine Fehler. Sieh dir die glücklichen Ehen in deiner Umgebung näher an: Es ist möglich, glücklich verheiratet und dabei doch nicht perfekt zu sein! Auf der Suche nach einem Lebenspartner passiert es leicht, das Nächstliegende zu übersehen. Pass auf, denn manchmal schwimmt ein Fisch schon so lange in deinem Teich herum, dass du ihn gar nicht mehr wahrnimmst!

*(c) Die Initiative ergreifen:*
Manchmal treibt ein Fisch ganz unerwartet in deinen Teich hinein. Manchmal ist auch ein bisschen eigene Initiative nötig, um deinen Teich etwas zu bevölkern. Es ist deshalb naheliegend, bewusst Veranstaltungen zu besuchen oder an Projekten teilzunehmen, bei denen du die Möglichkeit hast, mit anderen Christen in Kontakt zu kommen. Wenn du studieren möchtest, dann musst du dir ja auch die passenden Universitäten heraussuchen. Wenn du ein Fahrrad kaufen möchtest, dann musst du in verschiedene Läden gehen oder entsprechende Internetseiten durch- 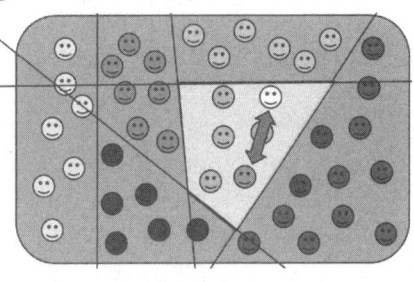 forsten. Wenn du einen interessanten Urlaub erleben möchtest, dann wägst du verschiedene Optionen ab und prüfst sie. Ein bisschen musst du musst immer die Initiative ergreifen und dann aktiv handeln. Und zum Schluss

musst du dann den Mut zu einer Entscheidung aufbringen. Warum sollte das bei der Suche nach einem Ehepartner anders sein?

### (d) Erwachsene Single-Christen über das Internet kennenlernen:

Die technische Entwicklung hat es möglich gemacht, dass Christen heute andere Möglichkeiten haben, sich kennenzulernen, als früher. Einige Organisationen betreiben Internetseiten – meist gebührenpflichtig –, auf denen überzeugte Christen Kontakt mit möglichen Heiratspartnern aufnehmen können. Sie vermitteln ihnen den „Erstkontakt". Nach meiner Erfahrung ist diese Internet-Methode nicht ungefährlich, besonders dann, wenn der Betreiber die Zuverlässigkeit der Personenprofile nicht gewissenhaft kontrolliert und überwacht. Ich habe in meinem Umfeld einige traurige und schmerzhafte Situationen miterlebt, weil sich schüchterne junge Leute in nicht überwachten virtuellen Chatrooms verliebt haben. Das kann ich nicht empfehlen. Aber für reife Single-Christen kann eine christliche Website ein praktischer Weg sein, um ihren Fischteich zu eröffnen. Ein deutlicher Vorteil einer Website besteht darin, dass die christlichen Teilnehmer ihre persönliche Suche anhand von 20 bis 30 Kriterien wie etwa Alter, christliche Überzeugungen, Bildungsstand oder Wohnort eingrenzen können. Allerdings gibt es nicht in allen Ländern entsprechende Websites mit hohen Qualitätsstandards.

*(e) Wenn ein Fisch aus deinem Teich*
*„der/die Richtige" wird:*
Der Herr kann entweder das Modell „der/die Rich-tige" oder das „Fischteich"-Modell dazu nutzen, um dich zu deinem Lebenspartner zu führen. Doch meiner Meinung nach ist das „Fischteich"-Modell praktischer und realistischer und stimmt mit der Führung des Herrn in anderen Bereichen unseres Lebens überein. Eins muss jedoch klar sein, näm-lich dass der Unterschied zwischen den beiden Modellen in dem Augenblick verschwindet, in dem du einen der Fische aus deinem Teich heiratest: Bisher waren vielleicht drei oder vier Fische in deinem Teich, aber wenn du einen davon heiratest, dann wird er/sie „der/die Richtige"! An deinem Hochzeitstag verschmelzen diese beiden Modelle der Partnersuche miteinander. Liebe diesen Ehe-partner und bleib ihm treu bis ans Lebensende. Verschwende keine Zeit mit Gedanken an Fische, die früher einmal in deinem Teich waren, und der Frage „Was wäre gewesen, wenn ...?" – diese Zeit ist vorbei. Baue eine ausschließliche Beziehung zu demjenigen/derjenigen auf, mit dem/der der Herr dich zusammengeführt hat, bis dass der Tod euch scheidet.

Fühle ich mich manchmal unter Druck, „den Richtigen"/„die Richtige" zu finden? Wie kann mir das Fischteich-Modell dabei helfen?

Vielleicht hilft es dir, wenn du dir einmal ein Blatt Papier nimmst und darauf die Grenzen deines Fischteichs aufzeichnest.

Passt jemand, den ich kenne, in meinen Teich hinein? Kann ich selbst irgendetwas dafür tun, um meinen Fischteich ein bisschen mehr zu bevölkern?

# 5
## ROMANTISCHE LIEBE UND FESTE BEZIEHUNG

Nun wollen wir über diese besondere Zeit nachdenken, in der sich eine Beziehung von einer Freundschaft auf die Ehe zu entwickelt. An einem bestimmten Punkt werden sich ein Mann und eine Frau bewusst, dass zwischen ihnen mehr als nur eine gute Freundschaft entstanden ist. Es wird „romantisch", denn sie fühlen sich stark zueinander hingezogen. Diese Phase beginnt, wenn beide ihre Empfindungen füreinander ausgesprochen und sich gegenseitig bestätigt haben. Das ist ein sehr emotionsgeladener Moment, denn von nun an sind auch ganz bestimmte gegenseitige Erwartungen erwacht. Diese neue Phase der Beziehung ist „ausschließlich", denn es gibt darin nur noch Platz für euch beide. Du wirst merken, dass du selbst jetzt ein paar bisher ungewohnte Einschränkungen akzeptieren musst, und dass du dich betrogen fühlst, wenn du merkst, dass dein Partner gleichzeitig eine romantische Beziehung mit jemand anderem führt.

Hierbei handelt es sich jedoch auch nur um eine Übergangsphase, denn die Beziehung ist zwar schon in gewissem Sinn verbindlich, aber noch keine lebenslange Bindung. Es ist eine reizvolle

Phase des gegenseitigen Kennenlernens, in der die Ausschließlichkeit der Beziehung andere auf Abstand hält, während ihr beide euch immer besser kennenlernt. Während dieser Zeit wächst das Paar zusammen; beide spüren, dass sie einander brauchen. Ihre Seelen beginnen sich aneinander zu binden, und kurze oder auch längere Zeiten der Trennung werden als schmerzhaft empfunden.

### *Vorherige Prüfung*

Da das Ende einer romantischen Liebesbeziehung normalerweise für einen oder beide von euch sehr schmerzvoll ist, ist es sehr weise, bestimmte Dinge zu prüfen, *bevor* du sagst: „Ich liebe dich", oder bevor du „Ja" zu einer Liebesbeziehung sagst. Für den Fall, dass du eine interkulturelle Beziehung erwägst, findest du im nächsten Kapitel einige zusätzliche Tipps.

### *(a) Familie:*

Dies ist ein sehr wichtiger Bereich, über den wir uns informieren sollten, denn unbewusst tragen wir einen Großteil unseres familiären Hintergrundes in unsere neuen Beziehungen hinein. Wie verhält er oder sie sich zu Hause? Respektiert er die Autorität der Eltern? Hilft er zu Hause mit? Ist sie ihren Geschwistern gegenüber negativ oder kritisch? Sieht es eher so aus, als will sie nur mit deiner Hilfe aus einer schwierigen Situation ausbrechen? Liebt sie ihre Familie?

## (b) Charakter:

Was für ein Mensch ist der/die andere wirklich? Ist sie offen und ehrlich? Nimmt sie ihre Verantwortlichkeiten ernst? Führt er zu Ende, was er angefangen hat? Hat er eine bestimmte Abhängigkeit oder Sucht oder vielleicht früher einmal gehabt? Ist er freundlich? Kann sie vergeben? Ist er großzügig? Ist er selbstsüchtig? Ist sie stolz? Liegen ihr die Bedürfnisse anderer Menschen am Herzen? Hilft er freiwillig? Normalerweise offenbart sich in schwierigen Zeiten der wahre Charakter eines Menschen. Wie verhält er sich bei Stress, unter Schmerzen oder bei Enttäuschungen?

## (c) Beziehungen:

Wie sind seine Beziehungen zu anderen Menschen? Was für Freunde hat sie? Hatte er/sie schon früher eine Liebesbeziehung? Ist diese wirklich vorbei? Warum und wie ging sie zu Ende? Ist er höflich und respektvoll gegenüber

Frauen? Flirtet sie mit anderen Männern? Lässt sie sich von ihnen anfassen? Hat er Feinde? Bemüht sie sich, zerbrochene Beziehungen zu heilen? Versucht er, andere zu beherrschen oder zu manipulieren?

Wie verhält sie sich in einem Team? Ist er verantwortungsbewusst? Betrachten andere ihn/sie als gute/n und treue/n Freund/Freundin?

*(d) Persönliche Reife:*
Ist sie emotional stabil? Ist sie emotional abhängig von ihren Eltern oder Freunden? Nimmt er sein Studium und seine Arbeit ernst? Scheut sie sich vor harter Arbeit? Lässt er seine Verpflichtungen gerne einmal schleifen? Ist sie diszipliniert in der Einteilung ihrer Zeit und ihrer Finanzen? Hat er Schulden? Ist er schnell beleidigt? Womit verbringt er seine Freizeit? Meinen andere, dass er/sie ausreichend (oder zumindest nahezu ausreichend) vorbereitet ist, um eine Ehe zu führen?

*(d) Geistliches Leben:*
Halten seine Bekannten ihn für einen wiedergeborenen Christen? Ist seine Gemeinde bekannt für „gesunde biblische Lehre"? Zeigt er Anzeichen für geistliches Wachstum? Wäre er ein gutes „geistliches Haupt" für dein Haus? Hat er biblisch begründete Überzeugungen? Hat sie ihren eigenen Glauben? Hat er Freude an seinem Leben mit Jesus? Setzt er seine Gaben für den Dienst des Herrn in seiner örtlichen Gemeinde ein? Wie verhält sie sich gegenüber den Leitern ihrer Gemeinde? Übernimmt er in geistlichen Dingen die Initiative?

### Informationsquellen

Du wirst einige Antworten bekommen, indem du denjenigen/diejenige selbst dazu befragst. Aber beschränke dich nicht nur auf seine/ihre Antworten. Es gibt noch viel mehr hilfreiche Informationsquellen. Besuche nach Möglichkeit das Elternhaus deines Freundes/deiner Freundin, lass die Atmosphäre dort auf dich wirken und sieh dir selbst an, wie er oder sie mit den anderen Familienmitgliedern umgeht. Unterhalte dich diskret mit seinen/ihren Freunden, Jugendleitern, Gemeindeältesten oder anderen Leuten, die ihn/sie besser und länger kennen.

### Was ist mit den Eltern?

Solange du irgendwie von deinen Eltern abhängig bist, werden sich diese für dich mitverantwortlich fühlen. Das gilt auch in Bezug auf den Menschen, zu dem du dich hingezogen fühlst. Von Ausnahmen abgesehen ist es im Normalfall sehr weise, die Meinung deiner Eltern zu kennen und ihre Zustimmung, ihren Segen zu suchen. Natürlich geht es um *dein eigenes* Leben, das Gott *dir* gegeben hat. Am Ende wirst du selbst für die Entscheidung verantwortlich sein, ob überhaupt und wen du heiratest. Es ist aber normalerweise nicht besonders klug, die Eltern und ihre Lebenserfahrung in dieser wichtigen Sache zu ignorieren. Deine Eltern kennen dich wahrscheinlich schon seit vielen Jahren ziemlich gut. Ihre Empfehlungen, die von ihnen geäußerten Bedenken oder auch ihre Zustimmung können für dich sehr wertvoll sein.

Normalerweise lieben Eltern ihre Kinder sehr. Deine Eltern sind sehr besorgt um deine Zukunft. Für die Eltern deines Freundes/deiner Freundin gilt das Gleiche. Wenn du offen bist und die Zustimmung der Eltern suchst, wenn du die Eltern über wichtige Entwicklungen auf dem Laufenden hältst, dann wirst du ihr Vertrauen und ihren Respekt gewinnen. Wenn ein junger Mann zu den Eltern eines Mädchens kommt und sie um die Erlaubnis bittet, der Freund ihrer Tochter zu werden, dann hat er schon einmal eine gute Ausgangsposition. Sollten die Eltern bestimmte „Regeln und Bedingungen" aufstellen, dann ist es umso besser, je früher du diese kennst. Es ist sicher deinen vollen persönlichen Einsatz wert, den Respekt, das Vertrauen und die Zuneigung der Eltern deines Partners/deiner Partnerin zu gewinnen. Sei klug!

## Wann wird eine romantische Liebesbeziehung ungesund?

Manchmal kann eine Liebesbeziehung gut anfangen, sich dann aber mit der Zeit ungesund entwickeln oder sogar schädlich werden. Hier sind einige Anzeichen dafür, dass eine Liebesbeziehung in eine falsche Richtung läuft.

*(a) Die Familie wird ignoriert:*
Du bist nicht alleine. Du wirst immer ein Teil deiner Familie bleiben. Es ist ungesund, wenn dein

Partner ausschließlich an dir interessiert ist und nur wenig Interesse an deinen Geschwistern und deinen Eltern zeigt.

*(b) Es geht vor allem um sexuelles Vergnügen:*
Natürlich ist es aufregend, wenn ihr zusammen seid, aber eure Beziehung wird ungesund, wenn der körperliche Kontakt das Wichtigste wird. Sexuelle Freuden bis hin zum Geschlechtsverkehr sind ein schönes Päckchen, das ihr erst nach der Hochzeit öffnen solltet. Die Liebe ist geduldig und nicht selbstsüchtig. Echte Liebe kann warten.

*(c) Übertriebene Einschränkungen:*
Eifersucht ist ein gutes und starkes Gefühl, das hilft, einzigartige Beziehungen zu schützen. Gott empfindet das auch so, wenn etwas in unserem Herzen den Platz beansprucht, der nur IHM zusteht. „Du darfst dich vor keinem andern Gott anbetend niederwerfen; denn der HERR ... ist ein eifersüchtiger Gott" (2Mo 34,14). Eine Liebesbeziehung wird ungesund, sobald einer der beiden Beteiligten so viel Aufmerksamkeit für sich *fordert*, dass normale andere Freundschaften und Verantwortlichkeiten aufgegeben oder dem Partner sogar verboten werden.

*(d) Geistlicher Rückschritt:*
Welche Auswirkungen hat deine Beziehung auf deinen Dienst und auf deine Gemeinschaft mit Christus? Könnt ihr zusammen beten und über das Wort Gottes reden? Ermutigt ihr euch gegenseitig,

eure Gaben zu entwickeln und geistlich zu wachsen? Die Beziehung wird ungesund, wenn sie euer Verlangen schwächer werden lässt, den Herrn anzubeten und ihm zu dienen.

### (e) Selbstsüchtige Motive:

Manche Menschen *brauchen* verzweifelt einen Liebespartner, um sich normal zu fühlen. Sie sind dann verliebt in die Liebe und nicht in dich als Partner. Eine Beziehung wird ungesund, wenn sie nicht auf beide Beteiligten, sondern nur auf die Bedürfnisse eines der Partner ausgerichtet ist. Das Interesse an *dir* kann dann ersetzt werden durch ein Interesse an dem, was *du hast,* wie zum Beispiel ein schönes Auto, einen gut bezahlten Beruf, einen attraktiven Körper oder das Ansehen deiner Familie – etwas, was der andere auch haben möchte. Du wirst sicher lieber jemanden heiraten, der sich um dich sorgt, dich annimmt und dich als Person respektiert, jemanden, der wirklich *dich* liebt!

Es ist unrealistisch, nach einem perfekten Partner zu suchen, aber wenn du merkst, dass deine Beziehung ungesund wird, dann unternimm etwas! Eine gesunde Beziehung vor der Ehe ist eine notwendige Grundlage für eine gesunde Ehe; nimm also jedes Warnzeichen ernst. Sprecht miteinander über eure Bedenken. Einigt euch über einen neuen Plan, wie ihr weiter vorgehen wollt, oder steckt neue Grenzen im körperlichen Bereich ab. Wenn der andere nicht über die Sache reden und bei seiner falschen Richtung bleiben will, dann such den Rat eines erfahrenen christlichen Freundes, am besten eines Verheirateten. Sei offen dafür, diese Beziehung zu beenden. Manchmal ist es einfach das Richtige, eine Sache zu unterbrechen oder zu beenden.

---

Pause zum Nachdenken:

Wie gut kenne ich denjenigen/diejenige, zu dem/der ich mich hingezogen fühle? Welche Bereiche sollte ich weiter erkunden? Haben wir unsere Eltern ausreichend miteinbezogen? Hat unsere Beziehung den Segen unserer Eltern? Gibt es etwas Ungesundes in unserer Beziehung? Können wir darüber reden? Wird es dadurch besser? Sollte ich ernsthaft darüber nachdenken, diese Beziehung zu beenden?

# 6
## VERSCHIEDENE KULTUREN, ERWARTUNGEN UND KOMMUNIKATION

Heute leben in unseren Großstädten verschiedene Kulturen dicht beieinander. Du kannst fast überall Menschen aus anderen Kulturen treffen, in der Schule, auf der Arbeit, im Sportverein, in der Gemeinde. Du musst nicht mehr in die Ferne reisen, um dich in jemanden aus einer anderen Kultur zu verlieben. Viele christliche Organisationen fördern auch Kurzzeit- bzw. längere Missionseinsätze – die, nebenbei gesagt, sehr bereichernd sein können, besonders wenn man Menschen und Kulturen besucht, die sich stark von der eigenen unterscheiden. Während solcher Reisen ist es möglich, sich in eine andere Kultur und manchmal auch einen Menschen aus dieser anderen Kultur zu „verlieben". Nirgends verurteilt oder missbilligt die Bibel romantische Beziehungen zwischen Menschen aus verschiedenen Rassen oder Kulturen, mit einer Ausnahme:

Als die Israeliten in das ihnen verheißene Land kamen, gebot Gott ihnen, sich nicht mit den Einwohnern des Landes zu verheiraten, „denn sie würden deine Söhne von mir abwendig machen, dass sie anderen Göttern dienen" (5Mo 7,4; SLT).

Das Problem war dabei nicht ihre Rasse oder Kultur, sondern ihre völlig anderen religiösen Praktiken und Überzeugungen. Als Christen sind wir frei, einen Menschen aus einer anderen Rasse oder Kultur zu heiraten, denn alle diese Menschen sind aus Gottes Sicht gleich wertvoll und werden gleich geliebt. Aber sie müssen auch wiedergeborene Christen sein (2Kor 6,14-16; 1Kor 7,39). Interkulturelle Ehen können beglückend und bereichernd sein, aber man muss die kulturellen Unterschiede unbedingt ernst nehmen. Liebe ist eine starke Bindung, aber sie beseitigt nicht die Auswirkungen tief verwurzelter kultureller Unterschiede und die damit zusammenhängenden Erwartungshaltungen. Eine gemeinsame Liebe zum Herrn Jesus oder zu einem besonderen Dienst sind ebenfalls starke Bindungskräfte, aber auch diese heben solche tief

gehenden kulturellen Unterschiede und die daraus entstehenden Erwartungen nicht auf.

### Meine eigene Kultur fühlt sich „normal" an

Du musst der Versuchung widerstehen, deine eigene Kultur für *gut* zu halten, andere Kulturen dagegen für *schlecht* oder gar *mangelhaft*. Das Leben ist nicht so einfach. So etwas wie eine *perfekte Kultur* gibt es nicht. Satan hat es geschafft, alle Kulturen zu entstellen – auch deine eigene. Deshalb hat jede Kultur ihre guten Elemente, aber auch schlechte und böse. Nicht alles, was dich in einer anderen Kultur stört, ist *verkehrt*. Vielleicht ist es falsch. Aber vielleicht hast du auch nur deine eigene Art, Dinge anzugehen und zu tun – und eine andere Art ist genauso zulässig wie deine eigene. Wenn du eine interkulturelle Beziehung in Erwägung ziehst, *musst* du darauf vorbereitet sein, einige einschneidende persönliche Anpassungen vorzunehmen. Zu erwarten, dass der/die andere sich verändert und genauso „normal wie du" wird, führt auf lange Sicht zu Frust. Garantiert!

Es ist eine Tatsache, dass Menschen jeder Kultur ihre eigenen tief verwurzelten Werte und Erwartungen in sich tragen, und wenn du weise bist, gehst du hier langsam und vorsichtig vor. Romantische interkulturelle Beziehungen bringen einzigartige Freuden mit sich, aber auch Gefahren. Bevor wir uns einige davon näher ansehen, wollen wir zuerst darüber nachdenken, wie wir die Kultur eines anderen Menschen verstehen können.

Inwieweit beeinflusst der kulturelle Hintergrund deines Freundes oder deiner Freundin sein/ihr Denken, Fühlen und Verhalten?

### Sind wir wirklich so verschieden?

Die Unterschiede zwischen Menschen aus unterschiedlichen Kulturen können groß, mittelgroß oder klein sein. Zum Beispiel erlebt man in Beziehungen zwischen Menschen aus Afrika, Westeuropa, Asien oder Lateinamerika ein *hohes Maß* an kulturellen Unterschieden. *Mittelgroße* kulturelle Unterschiede erfährt man in Beziehungen zwischen Menschen aus Ländern wie Deutschland, Großbritannien, Frankreich oder Italien. Und in *deutlich kleinerer Form* werden kulturelle Unterschiede in Beziehungen zwischen Menschen aus unterschiedlichen sozialen Gruppen im gleichen Land erlebt, zum Beispiel zwischen erfolgreichen Berufstätigen und Menschen, die von Sozialhilfe abhängig sind, zwischen Großstädtern und Leuten aus kleinen Bauerndörfern, zwischen Christen aus verschiedenen Gemeindetraditionen und so weiter. Welche Kultur bringst du in eine romantische Beziehung mit hinein?

### Eine Kultur kennenlernen und verstehen

Fangen wir einmal mit unserer eigenen Kultur an. Du wurdest in eine bestimmte Kultur hinein geboren, meistens ist das die Kultur deiner Eltern. Du bist dir deiner eigenen Kultur wahrscheinlich kaum bewusst, denn die Art, wie du denkst und dich verhältst, fühlt sich für dich *normal* an. Die meisten Menschen sind blind für ihre eigene Kultur. Tatsächlich glauben wir, dass die Welt so ist, wie wir sie sehen. Forscher, die verschiedene Kulturen studieren und vergleichen, behaupten jedoch, dass jede Kultur zwei Ebenen hat, eine *oberflächliche* und eine *tiefe*. Die oberflächliche Ebene beschreibt unser Verhalten; die tiefe Ebene dagegen beinhaltet die Gesamtheit unserer Werte, innerer Einstellungen und Überzeugungen, die zu diesem Verhalten führen. Wenn du diese beiden Ebenen verstehst, hilft dir das sehr dabei, deine eigene Kultur zu begreifen, die Kultur deines Freundes/deiner Freundin, und warum er oder sie manchmal etwas Seltsames sagt, emotional „komisch" reagiert oder etwas tut, das dich überrascht oder sogar verletzt. Wenn du ernsthaft auf eine interkulturelle Ehe hinarbeiten möchtest, werden die folgenden Absätze euch beiden helfen, die Bereiche herauszufinden, über die ihr euch aussprechen, in denen ihr euch anpassen oder die ihr einfach akzeptieren lernen müsst.

## (a) Oberflächliche Ebene:

Die Oberfläche einer Kultur ist das, was sie für den populären Tourismus interessant macht. Um eine Kultur auf dieser Ebene kennenzulernen und zu verstehen, musst du deine Aufmerksamkeit auf drei Elemente richten. Zuerst einmal ihre **Sitten und Gebräuche:** wie sich die Menschen anziehen, ihre Folklore, was sie essen, wie sie sprechen und so weiter. Dann ihre **Vorstellungen:** über welche Themen sie reden, ihre gemeinsame Geschichte, beliebte Sportteams, bekannte Fernsehprogramme ... Und drittens ihre **Produkte:** Das beinhaltet ihre Wohnkultur, die Transportmittel, was sie produzieren und wie sie Dinge verwenden. Besucher können sich sehr leicht nur aufgrund dieser Besonderheiten in der oberflächlichen Ebene in eine Kultur „verlieben". Aber wenn du planst, in dieser neuen Kultur zu leben, oder darüber nachdenkst, jemanden aus dieser Kultur zu heiraten, ist es weise, sich diese Kultur näher anzusehen. Erst nachdem du für einige Monate mit einer Kultur in Kontakt warst, vielleicht sogar zwei, drei oder mehr Jahre, fängst du an zu begreifen, dass die Unterschiede auf einer viel tieferen Ebene liegen.

*(b) Tiefe Ebene:*
Kulturforscher sagen, dass diese tiefe Ebene einer Kultur ebenfalls aus drei Elementen besteht: zuerst ihren **Glaubensüberzeugungen**, was sie als wahr und falsch ansehen, ihre Sicht von der Wirklichkeit, was es gibt oder nicht gibt. Zum Beispiel glauben Menschen aus manchen Kulturen an die Existenz von Vitaminen, obwohl sie nie welche gesehen haben. Mit der gleichen tiefen Überzeugung glauben Menschen aus anderen Kulturen an Dämonen oder an die geistige Gegenwart ihrer Vorfahren in ihren Häusern. Zweitens ihre **Gefühle**, was sie als hübsch oder hässlich, als bescheiden oder aufdringlich, als erwünscht oder unerwünscht

ansehen. Wie sie ihre Gefühle ausdrücken wie Freude und Traurigkeit, Annahme und Ablehnung, Liebe und Hass, Verachtung, Trauer und so weiter. Gefühle sind ein sehr wichtiger Teil einer Kultur. Du kannst andere tief verletzen oder selbst verletzt werden, wenn du nicht verstehst, wie Gefühle in einer bestimmten Kultur ausgedrückt oder wahrgenommen werden. Und schließlich ihre **Werte**, nach denen sie die Erfahrungen des Lebens beurteilen, ihre Vorstellung von Anständigkeit, ihr Verhältnis zu Autoritäten, ihre Arbeitsethik, ihre Familienwerte, ihr Konzept von Gerechtigkeit, was sie als richtig oder falsch, besser oder schlechter, gut und böse ansehen. In manchen Teilen von Indien wird zum Beispiel ein Zornausbruch als ein schlimmeres Vergehen angesehen als sexuelle Unmoral. In manchen afrikanischen Kulturen gilt es nicht als Diebstahl, wenn du jemand anderem etwas wegnimmst, was du brauchst. Auch Lügen wird ganz unterschiedlich eingestuft. Und in manchen europäischen Kulturen ist es ein ernsthaftes soziales Fehlverhalten, wenn man zu spät zu einer Verabredung kommt oder jemanden zu Hause besucht, ohne eingeladen zu sein.

Um eine andere Kultur kennenzulernen und besser zu verstehen, musst du deine Ohren und Augen weit offen halten, um zu sehen, wie die Menschen miteinander umgehen, und dann freundliche Fragen stellen, die sich auf ihre Glaubensvorstellungen, Gefühle und Werte richten. Wenn du einmal angefangen hast, eine Kultur in dieser tieferen Ebene zu verstehen, begreifst du auch langsam, warum dein Freund/deine Freundin bestimmte Entscheidungen trifft, warum sie sich so verletzt oder peinlich berührt fühlt, warum er so wütend guckt und deine Gegenwart meidet. Menschen aus anderen Kulturen sind nicht „komisch drauf", sie sind nur mit einer anderen kulturellen Software programmiert als du. Unsere kulturelle Software kann nicht einfach ausgetauscht werden. Manches davon wird sich nie verändern. Deshalb nimm bitte den kulturellen Hintergrund deines Freundes/deiner Freundin ernst.

### Kultur und Erwartungen

Wenn es um Beziehungen zwischen Mann und Frau, um romantische Liebe und Ehe geht, hat jede Kultur eine Reihe tief verwurzelter Abläufe und Erwartungen. Es ist weise, wenn du dich danach erkundigst. Jede Kultur kennt ein „angemessenes" Verhalten für Männer und Frauen vor und nach der Hochzeit. Was für einen christlichen Mann oder eine christliche Frau als passende Bekleidung angesehen wird, kann sich in verschiedenen Kulturen erheblich unterscheiden.

Welche Erwartungen spielen in einer interkulturellen Beziehung eine Rolle?

*(a) Die Erwartungen der Familie deines Freundes/deiner Freundin:*
Wenn du deinen Freund/deine Freundin aus einer anderen Kultur heiraten möchtest, werden seine oder ihre Eltern und die weitere Familie etwas

von dir erwarten – etwas, was jeder in ihrer Kultur als „normal" ansieht. Finde das am besten heraus, bevor du dich auf eine romantische Beziehung einlässt. In manchen Kulturen heiratest du zum Beispiel nicht einfach nur ein Mädchen, sondern du heiratest in ihre gesamte weitere Familie hinein. Danach erwarten sie ganz selbstverständlich und ernsthaft, dass du jeden von ihnen, der arm ist, finanziell und materiell unterstützt. Vielleicht erwarten sie auch, dass sie über einen längeren Zeitraum bei euch zu Besuch sein dürfen. Das ist weder gut noch schlecht, sondern in ihrer Kultur einfach ganz normal. Du musst dir nur darüber im Klaren sein. Und du solltest bereit sein, dich in diesem Punkt anzupassen und damit zu leben.

In manchen Kulturen wird es als Beleidigung empfunden, wenn die Frau einen besser bezahlten Job hat als ihr Mann. In anderen Kulturen sind die Männer für das Reden zuständig und die Frauen für die Arbeit. In manchen Kulturen ist es normal, dass die Großeltern die Kinder aufziehen, während die Eltern beide arbeiten gehen und für die Großfamilie sorgen. Frag nach. Lies etwas darüber. Beobachte gut.

### (b) Die Erwartungen deines Freundes/ deiner Freundin:

Was erwartet er oder sie, abgesehen von gegenseitiger Zuneigung und den schönen Stunden zusammen, noch von dir? Es ist wichtig, darüber zu sprechen. In manchen Kulturen ist die *männliche*

*Dominanz* die Norm. Christen in solchen Kulturen zitieren auch die Bibel, um eine solche Überlegenheit zu unterstützen. Das ist für Menschen, die aus *Wir-Kulturen* kommen, ein sehr heikles Thema. Was verstehen er oder sie und die weitere Familie unter „Unterordnung"? Wie sieht die von dir erwartete Rolle als Ehemann oder Ehefrau aus, wenn du heiratest? Welche „Freiheiten" musst du nach den Erwartungen deines Freundes aufgeben? Erwartet deine Freundin, dass sie ihre Mutter und ihre Schwester mitbringen und sie dauerhaft bei euch wohnen lassen kann? Erwartet er von dir, dass du seine Sprache lernst? Erwartet sie, dass du umziehst und in ihrem Heimatland lebst?

## (c) Deine eigenen Erwartungen:

Erwartest du unbewusst, dass dein Freund/deine Freundin sich verändert, dass er oder sie die eigene Kultur aufgibt und sich an deine anpasst? Bist du gewillt, ihn zu akzeptieren, so wie er ist, und dich an seine Kultur anzupassen? Bist du darauf vorbereitet, dich zu verändern? Beinhaltet die Kultur deines Freundes/deiner Freundin einige Elemente, die du einfach nicht akzeptieren *kannst?* Diese tief verwurzelten, „natürlichen" kulturellen Erwartungen verändern sich nicht automatisch dadurch, dass jemand Christ geworden ist. Diese Unterschiede müsst ihr herausfinden, anerkennen und darüber sprechen. Wenn du nicht gewillt bist, die notwendigen einschneidenden persönlichen Anpassungen vorzunehmen, dann ist wohl es das

Beste, eine romantische interkulturelle Beziehung zu vermeiden. Sonst frustrierst und verletzt du nur dich selbst und den/die andere/n.

## *Kultur und Kommunikation*

In allen unseren Beziehungen kommunizieren wir nicht nur mit Worten, sondern auch mit Gestik, Mimik und Verhaltensweisen. Kulturelle Unterschiede können diesen Kommunikationsprozess bereichern, ihn aber auch schwieriger machen. Mach dir diese möglichen Unterschiede bewusst. Wenn du fragst: „Wollen wir Freunde sein?", meinst du etwas Bestimmtes, aber jemand aus einer anderen Kultur versteht vielleicht etwas ganz anderes darunter. In manchen Kulturen gilt es als höflich, wenn man beim Sprechen seinem Gegenüber in die Augen sieht. In anderen Kulturen wird der Augenkontakt zu einer Person des anderen Geschlechts als sexuelle Annäherung verstanden. Wenn man das tut, sendet man eine bestimmte Botschaft aus. In manchen Kulturen ist es völlig normal, sich an den Händen zu halten oder kurz zu umarmen, in anderen Kulturen vermittelt das eine Botschaft, die du gar nicht beabsichtigt hast. Was bei dir einfach eine Möglichkeit, eine Vorstellung, ein Wunsch oder Verlangen ist, kann als deine feste Absicht oder sogar als ein Versprechen verstanden werden. Deshalb sei vorsichtig in deinen Kommunikationsformen. Teil deinem Gegenüber mit, was du meinst verstanden zu haben. Nimm dir Zeit und streng dich wirklich an, zu verstehen und verstanden zu werden. Missverständnisse können nämlich sehr schmerzhaft sein.

Gefühle lassen sich am besten in deiner Muttersprache ausdrücken. Es ist etwas völlig anderes, sich über Gefühle wie Spaß und Freude am Anfang eurer Beziehung auszutauschen, als deine Gefühle auszusprechen, wenn du dich allein, wütend, frustriert, zurückgewiesen oder krank fühlst oder Schmerzen hast. Unterschätze die Barriere nicht, die durch die Sprachunterschiede entsteht, besonders in Zeiten von Stress und Schwierigkeiten. Es gibt in verschiedenen Kulturen, und sogar in verschiedenen Familien, große Unterschiede, wie und wann wir unsere Gefühle mitteilen, aber dieses Sich-Mitteilen ist wichtig für einen gesunden Bindungsprozess.

### Interkulturelle Beziehungen: die Gefahren

Romantische interkulturelle Beziehungen haben ihre eigenen Freuden, bergen aber auch eine Reihe von Gefahren in sich. Hier folgt eine Liste einiger solcher Gefahren, nicht um negativ zu sein oder dir Angst zu machen, sondern um dich zu ermutigen, langsam und mit weit offenen Augen vorwärtszugehen. Manche Leute fühlen sich vielleicht nicht deswegen zu dir hingezogen, weil du bist, wie du bist, sondern weil du für sie eine bestimmte Bedeutung hast. Du kannst ihnen helfen, einer schwierigen Situation zu Hause zu entkommen, wenn sie sich an dich binden. Vielleicht sehen sie in dir die Lösung für ihre finanziellen Probleme. Andere könnten eine Hochzeit mit dir als eine Möglichkeit sehen, einen bestimmten sozialen Status zu erreichen oder eine Aufenthaltserlaubnis in deinem Land zu bekommen. Natürlich denken viele nicht so, aber du solltest diese Möglichkeit im Hinterkopf behalten, besonders im frühen Stadium einer Beziehung und auch dann, wenn du denjenigen/diejenige in einem gemeindlichen Umfeld getroffen hast.

Du hast vielleicht schon festgestellt, dass manche Leute in deinem Bekanntenkreis keinerlei Einfühlungsvermögen oder sehr geringe Sozialkompetenzen haben. Sie sind sozial „komisch". Natürlich kannst du dich entscheiden, so jemanden zu heiraten. Aber wenn du eine solche Entscheidung triffst, mach dir vorher die sozialen Begrenzungen dieses Menschen bewusst. Eine mögliche zusätzliche Schwierigkeit bei interkulturellen Beziehungen liegt darin, dass es nicht so einfach ist, sozial „seltsame" Leute aus einer anderen Kultur zu identifizieren. Du denkst vielleicht, dass die „Eigenartigkeit", die du beobachtest, durch die Kultur dieses Menschen bedingt ist, und nichts mit dem Menschen selbst zu tun hat. Du brauchst Zeit und die Hilfe von Menschen aus dieser anderen Kultur, um den Unterschied zu erkennen.

Vielleicht hast du schon bemerkt, dass sich Unterschiede oft anziehen. Laute, extrovertierte Menschen fühlen sich oft zu ruhigen, friedlichen Introvertierten hingezogen – und umgekehrt. Das kann auch bei der anfänglichen Attraktivität von Menschen aus verschiedenen Kulturen eine wichtige

Rolle spielen. Jemand aus einer anderen Kultur kann auf dich allein durch die bestehenden großen Unterschiede attraktiv wirken. Aber mit der Zeit können manche dieser Unterschiede Anlass zu ernsthaften Spannungen werden. Eine gesunde, dauerhafte Beziehung wird durch Unterschiede bereichert, aber sie braucht unbedingt eine ausreichend breite gemeinsame Basis.

### Interkulturelle Beziehungen: Scheidungsraten

Die unterschiedlichen Gebräuche und Erwartungen, die Menschen aus unterschiedlichen Kulturen mit in ihre Ehe hineinbringen, erhöhen ihr Risiko für eine Scheidung, verglichen mit Ehepaaren, die innerhalb ihrer eigenen Kultur geheiratet haben. Das ist eine statistische Tatsache. Zum Beispiel haben neue Studien in Amerika gezeigt, dass Ehen zwischen weißen Frauen und farbigen Männern, verglichen mit rein weißen Ehepaaren, ein doppelt so hohes Risiko haben, bis zum zehnten Ehejahr geschieden zu werden. Ähnlich sieht es bei Ehen zwischen asiatischen Männern und weißen Frauen aus: Die Wahrscheinlichkeit für eine Scheidung liegt um 59 % höher. Es gibt weitere interessante und frei zugängliche Statistiken aus aktuellen Studien zu Misch-Ehen und Scheidungsraten in Amerika – zum Beispiel auf Wikipedia. Viele diese Studien beziehen sich nur auf Amerika, wo beide Ehepartner gut Englisch sprechen und eine gemeinsame amerikanische Geschichte haben. Aber interkulturelle Ehen tragen viel größere Unterschiede in sich. Statistisch gesehen haben interkulturelle Ehen daher noch eine höhere Wahrscheinlichkeit, mit einer Scheidung zu enden.

Ein erfahrener Leiter eines internationalen christlichen Missionswerks schrieb mir einen Kommentar zum Manuskript dieses Kapitels und bemerkte dazu: „Die Anzahl der Ehen zwischen Westeuropäern und Afrikanern, Arabern und durchaus auch mit Latinos, die in einer Scheidung enden, ist alarmierend. In meiner Erfahrung scheitern die meisten dieser Ehen. Diese schmerzhafte Tatsache solltest du deinen Lesern nicht verschweigen." Du hast jetzt also diese Warnung gelesen. Vielleicht denkst du, dass das eine extreme Ansicht ist. Du kannst meinen, dass du die große Ausnahme bist. Vielleicht. Es ist dein Leben. Aber bitte nimm eine interkulturelle Beziehung nicht auf die leichte Schulter. Nimm dir viel Zeit. Und hör aufmerksam auf den guten Rat von Leuten, die dich gut kennen und dich lieben.

### Interkulturelle Beziehungen: die Freuden

Meine Frau ist Holländerin. Ich bin in zwei Kulturen aufgewachsen, denn ich habe die eine Hälfte meines Lebens in Südamerika verbracht, die andere in Europa. Meine Frau und ich haben gelernt, die Vielfalt zu genießen, die verschiedene Kulturen mit sich bringen. Wir stellen fest, dass unsere vier Kinder es ebenfalls genießen, ihre Zeit mit Menschen aus verschiedenen Kulturen zu verbringen.

In interkulturellen Beziehungen können wir uns das Beste aus zwei oder mehr Kulturen raussuchen.

Jede Kultur muss mit christlichen Werten „gesalzen" werden. Unsere eigene kulturelle Weise, gewisse Dinge zu tun, wird allzu leicht als *die christliche Art,* Dinge zu tun, missverstanden. In einer gesunden, christlichen interkulturellen Beziehung kann jeder der Partner dem anderen dabei helfen, seine eigenen kulturellen Defekte zu sehen (sogar unmoralische und sündige Tendenzen), und die beiden können zusammen Wege ausarbeiten, wie sie in diesen Kulturen Salz und Licht für Jesus sein können.

Man kann seine kulturellen Ausdrucksformen in der oberflächlichen Ebene ändern und sich anpassen, um sein Leben in einer anderen Kultur zu verbringen. Aber kulturelle Veränderungen in der tiefen Ebene, also Änderungen von Glaubensvorstellungen, Gefühlen und Werten, verlaufen nur langsam und mühselig. Auch wenn jemand den starken Wunsch hat, sich zu verändern, bleiben doch manche kulturellen Charakterzüge der tiefen Ebene bis zum Tod in einem Menschen verankert. Du solltest nicht heiraten in der Hoffnung, deinen Partner/deine Partnerin verändern zu können. Wenn du die Besonderheiten der tiefen Ebene seiner oder ihrer Kultur kennst, bist *du* gewillt, dich zu ändern, sie zu akzeptieren und dich anzupassen?

Nach fast 30 Jahren Ehe stellen wir fest, dass wir eine gewisse Mischung unserer ursprünglichen

Kulturen entwickelt haben. In manchen Dingen bin ich immer noch ziemlich britisch. In anderen Bereichen bin ich ganz Kolumbianer. Und meine Frau kann manchmal sehr holländisch sein. Unbeabsichtigt haben wir als Familie unsere eigene Mini-Kultur entwickelt, und wir genießen sie. Ich beobachte dasselbe in anderen interkulturellen Familien. Interkulturelle Ehen können viel Freude, Abenteuer und Abwechslung mit sich bringen. Aber sie erfordern eine gute Kommunikation, mehr Gnade und den ernsthaften Willen, sich anpassen zu wollen.

Pause zum Nachdenken:

Wie gut kenne ich die Kultur des Menschen, von dem ich mich angezogen fühle? Was kann ich tun, um die tiefe Ebene seiner oder ihrer Kultur besser zu verstehen? Erwarte ich, dass der/die andere meine Kultur übernimmt? Bin ich offen dafür, Rat von Außenstehenden anzunehmen, die diese andere Kultur kennen? Hat die Kultur meines Freundes/meiner Freundin einige kulturelle Eigenheiten, die ich einfach nicht akzeptieren kann oder will? Bin ich bereit, wenn nötig eine andere Sprache zu lernen, in seinem oder ihrem Herkunftsland zu leben und mich an das Leben in seiner oder ihrer Kultur anzupassen? Drängt der Heilige Geist mich dazu, als Reaktion auf das Thema, das in diesem Kapitel besprochen wurde, etwas zu unternehmen?

# 7
## SIEBEN FRAGEN, DIE IMMER WIEDER GESTELLT WERDEN

Wir möchten nun diese zeitweilige, romantisch-verliebte, feste und ausschließliche Zweierbeziehung weiter untersuchen, indem wir sieben Fragen beantworten, die unter Christen immer wieder gestellt werden.

### 1. Kann ich eine Liebesbeziehung beginnen, ohne ans Heiraten zu denken?

Romantische Liebe gehört in eine romantische Zweierbeziehung und in die Ehe. Die verliebte Zweierbeziehung ist eine natürliche Phase der Vorbereitung auf eine mögliche Ehe. Die Freuden einer romantischen Beziehung zu suchen, ohne deren letzte Vollendung im Blick zu haben, kann folgende negative Aspekte haben. Es ist:

### (a) in sozialer Hinsicht ungesund:

Das ausschließliche Element einer Zweierbeziehung schränkt deine soziale Entwicklung und Interaktion in einem breiteren Personenkreis ein. Durch unsere unterschiedlichen sozialen Kontakte entwickeln wir uns weiter und lernen sehr viel über das Leben und über uns selbst. Deswegen können allzu frühzeitige Einschränkungen unseres Freundeskreises ungesund sein.

*(b) aus natürlicher Sicht unrealistisch:*
Das Verliebtsein weckt in unserem Inneren etwas Tiefes und Mächtiges, das uns auf eine Ehe hin drängen möchte. Es erweckt tiefe Wünsche und Erwartungen, die bei dem Zurückbleibenden einen tiefen Schmerz verursachen, wenn die Beziehung abrupt endet.

*(c) in moralischer Hinsicht gefährlich:*
Wenn man nur das persönliche Vergnügen sucht, ohne dabei eine Heirat anzustreben, dann wird es immer schwieriger werden, der sexuellen Sünde zu widerstehen.

Vielleicht ist es dir aufgrund deines Lebensalters oder durch Studienverpflichtungen, Reisepläne oder aus anderen Gründen in der näheren Zukunft nicht möglich, zu heiraten. Wenn du von den praktischen Voraussetzungen einer Eheschließung noch weit entfernt bist, dann ist es wohl unklug, eine Beziehung zu beginnen, die euch beide auf eine Ehe vorbereiten soll.

## 2. Kann ich eine Liebesbeziehung mit einem Nichtchristen anfangen?

Wir haben gesehen, dass Gott, wenn er einen Ehepartner schenkt, immer einen Christen mit einem Christen zusammen bringt. An eine verliebte Zweierbeziehung mit einem Nichtchristen zu denken bedeutet, Möglichkeiten außerhalb von Gottes Willen zu erkunden. Die Wahl eines Ehepartners ist eine der wichtigsten und folgenreichsten Entscheidungen, die du jemals treffen wirst. Wenn du weißt, dass der Herr nicht möchte, dass du einen Nichtchristen heiratest, warum solltest du dich dann überhaupt auf solch eine Beziehung einlassen? Es ist wesentlich weiser, sich zurückzuhalten.

### 3. Kann ich eine Liebesbeziehung mit einem Nichtchristen beginnen, wenn ich mir fest vornehme, ihn/sie erst zu heiraten, wenn er/sie Christ geworden ist?

Christen, die mit dieser versteckten Absicht ein Liebesverhältnis mit einem Nichtchristen beginnen oder akzeptieren, verhalten sich unehrlich und lieblos gegenüber dem Nichtchristen. Es ist eine gefährliche und auch unehrliche Strategie. Bedenke Folgendes. Es ist:

*(a) unehrlich:*
Wenn Jesus die Leidenschaft deines Herzens ist, wenn es dein Wunsch ist, für ihn zu leben, wie kannst du dann eine ehrliche Liebesbeziehung zu jemand anderem aufbauen und ihm die Konsequenzen dieser wichtigen Tatsache verschweigen? Das Christsein ist deine Identität, es ist das, was du bist! Eine gesunde Freundschaft ist gegründet auf Offenheit und Transparenz, auf einem gegenseitigen Austausch ohne versteckte Absichten.

## (b) lieblos:

Der Nichtchrist verletzt kein einziges Gebot der Bibel, wenn er eine Beziehung mit dir sucht. Die biblischen Verbote gelten *für dich,* nicht für den Nichtchristen. Aus seiner oder ihrer Perspektive gibt es keinen wichtigen Grund, diese Liebesbeziehung nicht einzugehen. Wenn der Nichtchrist Christus nicht nachfolgen will, warum solltest du ihn oder sie unter deinem Experiment leiden lassen?

## (c) unrealistisch:

Die Zunahme an Liebe und gegenseitigem Respekt und auch die seelischen Bindungen, die sich während der Phase verliebter Zweisamkeit entwickeln, sind Dinge, die man nicht so einfach „abschalten" kann. Wie lange willst du auf seine/ihre Bekehrung warten? Wenn wir „wahnsinnig verliebt" sind, dann sind wir bereit, fast alles zu tun, um die Beziehung am Laufen zu halten, und dazu gehören auch religiöse Handlungen wie Gemeindebesuch, Taufe oder Bibellesen. Wie willst du erkennen, ob dein Partner an einigen deiner religiösen Praktiken nur deshalb teilnimmt, weil er/sie dich heiraten möchte? Es kann für den nichtgläubigen Partner außerdem verwirrend sein, sein/ihr eigenes Herz zu verstehen, und zwischen dem Interesse am Liebespartner/der Partnerin und dem echten Interesse an Gott und seinem Wort zu unterscheiden.

*(d) gefährlich:*
Wir alle haben unsere schwachen Momente. Wir können uns fest vornehmen, erst zu heiraten, wenn der/die andere sich bekehrt hat, aber vielleicht sind wir doch nicht so stark, wie wir meinen. Die romantische Zweierbeziehung könnte durchaus ihren natürlichen Verlauf nehmen und für euch beide in einer Heirat enden. Wenn du richtig verliebt bist, kann sich dein fester Vorsatz mit der Zeit doch abschwächen. Wenn du weißt, dass der Herr deine Heirat mit einem/einer Ungläubigen nicht möchte, dann wäre es unklug und gefährlich, sich auf eine entsprechende Beziehungsphase einzulassen.

*(e) ungehorsam:*
Wir haben schon 2. Korinther 6,14-15 zitiert: „Geht nicht unter fremdartigem Joch mit Ungläubigen! ... Welches Teil [hat] ein Gläubiger mit einem Ungläubigen?" Wann beginnt das gemeinsame „Joch mit Ungläubigen"? Ein Joch ist ein hölzer-

ner Balken, der über dem Nacken von zwei Tieren, besonders Kühen, befestigt und dann mit der zu ziehenden Last verbunden wird. Der Apostel

Paulus verwendet den Begriff „Joch", um etwas zu illustrieren, was zwei Menschen verbindet: eine Beziehung, in der das Verhalten des einen unweigerlich Auswirkungen auf den Weg des anderen hat. Es ist eine klare Warnung davor, eine Ehe und auch *andere romantische Beziehungen* mit Ungläubigen einzugehen, die einen Gläubigen und einen Ungläubigen aneinander binden. Romantische Liebesbeziehungen führen zu seelischen Bindungen. Obwohl noch keine Dokumente unterzeichnet wurden, ist es doch offensichtlich, dass das Verhalten eines Liebenden das des anderen beeinflusst. Die Liebe zu einem Nichtchristen ist ein „Joch", das jeder Christ vermeiden sollte, um dem Herrn frei nachfolgen zu können.

### 4. Kann Gott eine Liebesbeziehung dazu benutzen, einen Nichtchristen zu Christus zu bringen?

Ja, das kann Gott tun, und manchmal tut er es auch. Leider ist es aber viel häufiger so, dass der unbekehrte Partner unbekehrt bleibt, und dass sein oder ihr oberflächliches Interesse an deiner Gemeinde und deinem Glauben nach der Hochzeit langsam verschwindet. Wer schon mit einem Ungläubigen verheiratet ist, soll verheiratet bleiben und ein Segen für den ungläubigen Partner sein (1Kor 7,12-16). Es ist jedoch grundsätzlich falsch, Gottes Segen zu erbitten und zu erwarten, wenn wir uns vorher für einen Weg des Ungehorsams entscheiden. Manche Leute sagen: „Ich mache das jetzt einfach, und später kehre ich dann um und empfange Vergebung." Es ist wahr, dass Gott einem reumütigen und zerbrochenen Herzen immer vergibt, aber trotzdem können für den Rest unseres Lebens Narben und schmerzhafte Einschränkungen zurückbleiben. „Irrt euch nicht, Gott lässt sich nicht verspotten! Denn was ein Mensch sät, das wird er auch ernten" (Gal 6,7). Wir dürfen Gottes Gnade niemals dreist ausnutzen. „Was sollen wir nun sagen? Sollten wir in der Sünde verharren, damit die Gnade zunehme? Auf keinen Fall! Wir, die wir der Sünde gestorben sind, wie werden wir noch in ihr leben?" (Röm 6,1-2).

Der Herr verbietet uns nur das, was schädlich für uns ist. Er verbietet etwas, weil er uns liebt und etwas Besseres für uns im Sinn hat. Die entscheidende Frage lautet: Vertraust du ihm? Die betreffende Person könnte durchaus diejenige sein, die der Herr für dich vorgesehen hat, aber bis er oder sie sich wirklich zu Christus bekehrt hat, bleibt er oder sie für dich eine „verbotene Frucht" bzw. ein Fisch außerhalb deines Fischteiches. Der Herr spricht zu Ungläubigen sehr oft durch ihre christlichen Freunde. Bleib ein Freund. Halte eine gesunde Distanz. Eine Liebesbeziehung sollte nicht als eine Form der Evangelisation angesehen werden. Denn das ist sie nicht!

### 5. Ich habe eine Liebesbeziehung zu einem Nichtchristen. Was soll ich tun?

Ein Christ kann sich aus den verschiedensten Gründen in einer solchen Situation befinden.

Dieser Grund und der momentane Zustand der Beziehung können entscheidend sein für die Frage, wie der nächste Schritt aussehen sollte. Es gibt komplizierte Situationen, in denen es klug ist, die geistliche Führung deiner Gemeindeleitung oder eines erfahrenen, am besten auch verheirateten Christen zu suchen, bevor du selbst irgendwelche radikalen Konsequenzen ziehst. Denk mal über die drei folgenden Situationen nach.

### (a) Eine Beziehung mit „eheähnlichen Verantwortlichkeiten":

Manche Paare, verheiratet oder nicht, haben vielleicht schon gemeinsame Kinder oder andere eheähnliche Verantwortlichkeiten mit einem Nichtchristen. Es kann Ausnahmen geben, aber normalerweise sollte man Christen in einer solchen Situation dazu ermutigen, ihre Ehe formell zu schließen und danach zu Hause einen liebenden, treuen und von Gott geprägten Einfluss auszuüben. Die Anweisung des Apostels lautet: „Und eine Frau, die einen ungläubigen Mann hat, und der willigt ein, bei ihr zu wohnen, entlasse den Mann nicht. Denn der ungläubige Mann ist durch die Frau geheiligt, und die ungläubige Frau ist durch den Bruder geheiligt; sonst wären ja eure Kinder unrein, nun aber sind sie heilig. Wenn aber der Ungläubige sich scheidet, so scheide er sich. Der Bruder oder die Schwester ist in solchen Fällen nicht gebunden; zum Frieden hat uns Gott doch berufen. Denn was weißt du, Frau, ob du den Mann retten wirst? Oder

was weißt du, Mann, ob du die Frau retten wirst?"
(1Kor 7,13-16).

*(b) Eine Beziehung, in der ein Partner erst vor
Kurzem Christ geworden ist:*
In dieser Situation führen zwei Nichtchristen
schon eine romantische Zweierbeziehung, und
dann kommt einer von ihnen zum Glauben. Die
Tatsache ist, dass *du* dich verändert hast, dass *du*
nicht mehr dieselbe Person bist wie zu Beginn eurer Beziehung. Vielleicht wirst du einige Zeit dafür
brauchen, um deinem Partner diese grundlegen-
den Veränderungen zu erklären. Du wirst dabei
Geduld brauchen. Möglicherweise ist es klug, eure
Heiratspläne zunächst einmal zurückzustellen, um
dem Herrn Zeit zu geben, an seinem/ihrem Herzen
zu arbeiten. Bete für seine/ihre Bekehrung. Wenn
du nach einiger Zeit keinen geistlichen Fortschritt
oder keine Umkehr zu Gott feststellen kannst,
dann musst du die Beziehung möglicherweise neu
überdenken. Suche aktiv die Führung des Herrn.
Er wird dir zu seiner Zeit den nächsten Schritt klar
machen.

*(c) Ein Christ hat bewusst eine Liebes-
beziehung mit einem Nichtchristen begonnen:*
In dieser Situation hat ein Christ ganz bewusst
die klaren Anweisungen der Bibel missachtet und
eine Liebesbeziehung zu einem Nichtchristen begonnen. Dieser Christ sollte aufgefordert werden,
die Gegenwart des Herrn zu suchen und vor ihm

noch einmal über die vier Prinzipien nachzudenken, die wir uns zu Beginn angesehen haben: (1) Wem gehöre ich? – Habe ich mein Leben wirklich dem Herrn Jesus übergeben? (2) Was hat Gott mit mir vor? – Entferne ich mich von der Berufung Gottes, die ich in meinem Leben wahrnehme, indem ich diese Beziehung weiter verfolge? (3) Wie sieht Gott mich? – Erkenne ich an, dass meine eigene Seele grundsätzlich inkompatibel mit der Seele eines Nichtchristen ist? Und (4) Ist Gott vertrauenswürdig? – Vertraue ich meinem himmlischen Vater genug, um mich seinen liebenden und weisen Maßstäben unterzuordnen und diese Liebesbeziehung zu beenden? Die Entscheidung für eine Nachfolge des Herrn Jesus ist radikal. Der Herr Jesus selbst hat erklärt: „Er sprach aber zu allen: Wenn jemand mir nachkommen will, verleugne er sich selbst und nehme sein Kreuz auf täglich und folge mir nach!" (Lk 9,23). Gehorsam gegenüber Gott ist immer der Weg zu Segen und langfristigem Glück. Je länger ein Christ in einer solchen Situation abwartet, umso schwieriger wird es für ihn sein, klar zu sehen. Mit der Zeit verbinden sich die Seelen der Verliebten immer fester miteinander. Mit der Zeit wird deshalb auch eine Trennung immer schmerzhafter. Wahres Christentum ist ein radikaler Glaube, und manchmal fordert der Gehorsam auch radikale Schritte von uns.

### 6. Kann ich sicher sein, dass er oder sie der/ die Richtige für mich ist? Was muss ich fühlen? Könnte nicht schon hinter der nächsten Ecke ein besserer Partner warten?

Wir alle erleben ähnliche Situationen ganz unterschiedlich. Das macht Vergleiche schwierig und manchmal sogar wenig hilfreich. Es gibt manche Leute, die sich anscheinend bei fast allem zu 100 % sicher sind. Andere leben mit einem ständigen Gefühl des Zweifels, auch noch nach einer getroffenen Entscheidung.

Du selbst bist nicht perfekt, und auch kein Fisch in deinem Teich wird es jemals sein. Außerdem verändern wir uns alle mit der Zeit. Wenn du nur lange genug wartest, dann schwimmt möglicherweise einmal ein Fisch mit besonders begehrenswerten Eigenschaften in deinem Teich. Vielleicht aber auch nicht. Es gibt auch keine Garantie dafür, dass du selbst in den Fischteich des anderen passt. Wenn du dich für einen Fisch in deinem Teich entscheiden möchtest, dann lautet die Schlüsselfrage: Liebst du diesen Menschen genug, um dich ihm vollständig hinzugeben und den Rest deines Lebens mit ihm oder ihr zu verbringen? Wenn deine Antwort „wahrscheinlich ja" ist, dann kannst du daran denken, eine Liebesbeziehung zu beginnen. Wenn sich mit der Zeit deine vorläufige Annahme nicht bestätigt, wenn deine Seele nicht zur Ruhe kommt, oder wenn dein Verlangen, euer Leben gemeinsam zu verbringen, nicht tief genug ist, dann ist es sicher klug, diesen „Fisch" zugunsten eines anderen zu verlassen. Vielleicht hat der Herr etwas anderes oder jemand anderen für dich.

Jede Entscheidung beinhaltet Risiken und hat natürliche Konsequenzen. Das gilt auch für die Wahl des Lebenspartners. Bei der Wahl eines Lebenspartners solltest du akzeptieren, dass du dann mit einigen natürlichen Konsequenzen leben musst. Das kann einen Umzug in eine andere Stadt bedeuten oder Einschränkungen aufgrund eines niedrigeren Einkommens, von Krankheit oder familiären Verantwortlichkeiten. Bei der Wahl eines Lebenspartners gehst du also ein gewisses Risiko ein. Das tun beide Partner. Und das kannst du auch als einen Glaubensschritt ansehen, den du im Vertrauen auf den Herrn gehen musst. Es gibt kein Leben ohne Risiko. Das Leben birgt viele unvorhergesehene Überraschungen (Jes 26,3-4).

## 7. Warum sollte etwas „falsch" sein, wenn wir uns beide darin einig sind, wir uns beide dafür entschieden haben und wir beide dabei glücklich sind?

Ist es „moralisch falsch", wenn eine Frau damit einverstanden ist, dass sich ihr Ehemann eine Freundin zulegt? Ist es „moralisch falsch", wenn zwei Männer zusammenleben wie „Mann und Frau"? Als die Gesellschaft noch einen allgemeinen Gottesbegriff hatte, stimmten die meisten Leute darin überein, dass manche Dinge „falsch" und andere „richtig" sind. „Richtig" und „falsch" waren mehr als nur soziale Konventionen, mehr als nur gegenseitige

Absprachen. Sie wurden in derselben Kategorie gesehen wie Wirklichkeit, Wahrheit und wie die Dinge eben sind. Richtig und falsch sind Teile von Gottes Schöpfung, genau wie die Berge, der Regen und die Tiere. Unsere Aufgabe bestand also darin, sie zu erkennen, zu akzeptieren und dann die mit ihnen verbundenen Freiheiten und Begrenzungen zu genießen. In unserer Zeit ist die Moral zu einer persönlichen Angelegenheit geworden. Sie wird eher als ein optionales Softwarepaket angesehen statt als ein notwendiges Stück Hardware. Heutzutage ist die gemeinsame moralische Basis unserer Gesellschaft sehr rudimentär: Wir erkennen etwas *nur dann noch* als „moralisch falsch" an, wenn dadurch nachweislich ein anderer oder die Umwelt „geschädigt" wird.

Während des 2. Weltkrieges wurde C. S. Lewis von der BBC zu einer Reihe von Rundfunkvorträgen über den christlichen Glauben eingeladen. In seiner Erklärung der Moral verglich er die menschliche Rasse mit einer Schiffsflotte. Um die Reise zu einem Erfolg zu machen, sollten (1) die Schiffe nicht miteinander kollidieren. Wir sollten uns also nicht gegenseitig „verletzen". Weiterhin muss (2) jedes Schiff in gutem Zustand sein, es sollte schwimmen, einen funktionierenden Motor und ein Ruder haben. Und (3) muss die Flotte ein Ziel haben. Wir können nicht von einer erfolgreichen Fahrt sprechen, wenn die Flotte sicher in New York einläuft, obwohl sie eigentlich nach Rotterdam fahren sollte.

Christliche Moral ist mehr als nur die Vermeidung von Kollisionen. Ich fürchte, dass wir als Christen in der Gefahr stehen, das zu vergessen. Zweitens sieht der Herr alles, was in unserem Innern geschieht und kümmert sich darum, sogar um die Gedanken, Taten und Motivationen, die keinen direkten Einfluss auf andere haben. Drittens wird das Ziel der Flotte weder dadurch bestimmt, was aktuell in unserer gottlosen Gesellschaft sozial akzeptabel ist, noch dadurch, was sich die meisten christlichen Gemeinden zu einer bestimmten Zeit zu tun erlauben, noch durch das, worüber sich zwei Liebende miteinander einig sind. Es ist unser himmlischer Vater, der das richtige Ziel der Menschheit bestimmt und offenbart, ebenso wie das, was moralisch richtig und falsch ist. Wir betrügen uns selbst, wenn wir die populäre Philosophie akzeptieren, dass alles „moralisch richtig" ist, wenn es nur in Liebe geschieht, beide Parteien einverstanden sind und wir niemanden damit verletzen.

Pause zum Nachdenken:

Ordne ich mich dem unter, was Gott als „richtig" oder „falsch" bezeichnet, oder versuche ich, nach meinen eigenen Maßstäben zu leben? Was ist das Ziel unserer Beziehung? Habe ich irgendwelche versteckten Pläne? Drängt der Heilige Geist mich dazu, etwas anzufangen, zu beenden oder zu unternehmen, um mein Leben mehr mit Gottes Willen in Übereinstimmung zu bringen?

# 8
## WIE MAN EINE LIEBESBEZIEHUNG BEENDEN SOLLTE

Wie wir schon festgestellt haben, ist eine romantische Zweierbeziehung als ein „vorübergehender" Zeitabschnitt anzusehen, weil sie zwar einen gewissen Grad an Verbindlichkeit beinhaltet, aber noch keine *lebenslange* Bindung darstellt. Während dieser Phase kannst du zu der Einsicht kommen, dass der/die andere eben *nicht* der/die Richtige für dich ist. Eine Liebesbeziehung zu beenden ist keine einfache Aufgabe – besonders dann nicht, wenn sich immer noch einer zum anderen oder beide zueinander hingezogen fühlen. Dazu benötigst du die Kraft des Herrn. Du brauchst eine starke Überzeugung, dass das, was du jetzt tust, mit seinem Willen übereinstimmt. Du benötigst genug Ehrlichkeit, um deinen Teil der Schuld, falls vorhanden, anzuerkennen, und musst zuletzt auch den Mut haben, dem/der anderen gegenüberzutreten und offen die Konsequenzen zu ziehen. Wenn du dich von dem anderen belogen und betrogen fühlst, oder wenn *du selbst* dich so verändert hast, dass die Beziehung besser aufhören sollte, dann brauchst du Gottes zartfühlendes Herz, und zwar nicht nur, um die Beziehung zu beenden, sondern

auch, um das so zu tun, dass dadurch Christus ge-
ehrt wird.

### Wie man Liebesbeziehungen mit Nichtchristen beenden sollte

Wenn der Herr dein Herz angerührt hat, sodass
du jetzt entschlossen bist, die Liebesbeziehung
mit einem Nichtchristen zu beenden, dann werden
Demut, Taktgefühl und Stärke von dir gefordert. Es
ist sehr unwahrscheinlich, dass er/sie mit deiner
Entscheidung einverstanden ist, aber du schuldest
ihm/ihr auf jeden Fall eine Erklärung und, falls notwendig, auch eine Entschuldigung. Hier nun einige
Empfehlungen, die du vielleicht nützlich findest:

*(a) Beschuldige den anderen nicht:*
Erkläre ihm/ihr sorgfältig, dass der Grund für das
Ende der Beziehung bei dir selbst liegt und nicht
bei dem anderen. Wenn du Christ geworden bist,
dann bist du es, der/die sich verändert hat. Wenn
du als Christ eine Beziehung unter einem ungleichen Joch einge-
gangen bist, dann
war es dein eigener
Fehler, eine solche
Liebesbeziehung zu
beginnen.

*(b) Erkläre den Grund:*
Zeig ihm/ihr eine oder zwei Bibelstellen, die der Herr dazu gebraucht hat, um dein Herz zu berühren. Erkläre, wie wichtig es ist, dass man in einer Ehe auch geistlich zueinander passt, und dass die Nachfolge des Herrn deine größte Leidenschaft ist. Ich würde dir nicht empfehlen, vereinfachende Feststellungen zu gebrauchen wie etwa: „Meine Eltern sind nicht damit einverstanden" oder „Meine Gemeinde verbietet unsere Beziehung". Du hast dein Leben freiwillig an Christus übergeben, und er ist nun derjenige, der dich auffordert, diese Beziehung zu beenden.

*(c) Zieh einen echten Schlussstrich:*
Du darfst nicht in einem unklaren Schwebezustand bleiben. Beende die Beziehung vollständig. Überlass es Gott, ungehindert in seinem/ihrem Leben zu wirken. Sollte es später Anzeichen für eine wirkliche Bekehrung geben, dann besteht immer noch die Möglichkeit einer neuen Beziehung „mit Gottes Zustimmung". Aber gib ihm/ihr die nötige Freiheit und Zeit.

*(d) Bring ihn oder sie in Kontakt mit anderen Christen:*
Wenn dein Partner während der Entwicklung eurer Freundschaft Interesse an Christus oder am Wort Gottes gezeigt hat, dann bring ihn/sie in Kontakt mit anderen Gläubigen. Erinnere dich daran, dass eine Liebesbeziehung kein Evangelisationsprojekt

ist. Gott liebt diesen/diese Ungläubige/n mehr, als du ihn/sie jemals lieben kannst. Denk nicht, dass du für seine/ihre Bekehrung unverzichtbar bist. Wir glauben an einen souveränen Gott, der sich all denen offenbart, die ihn ehrlich suchen, und er kann das auf vielen verschiedenen Wegen tun.

### Wie man Liebesbeziehungen mit Christen beenden sollte

Es gibt verschiedene, sehr schwerwiegende Gründe dafür, warum sich ein christliches Paar entschließt, seine Beziehung zu beenden. In Kapitel 5 haben wir einige Anzeichen für eine ungesunde Beziehung untersucht. In der Realität jeder Beziehung werden immer wieder Vergebung, Erneuerung und Veränderungen auf beiden Seiten notwendig. Wenn aber schwere Bedenken bestehen bleiben, wenn ernsthafte Zweifel entstehen, oder wenn der Herr dir irgendwie klar macht, dass es besser ist, diese Beziehung zu beenden, dann solltest du handeln. Aber denk daran, dass auch die *Art und Weise*, wie du die Beziehung beendest, sehr wichtig ist. Die drei ersten Empfehlungen, die ich eben schon gegeben habe, sind hier ebenfalls anwendbar: (1) Erkenne demütig deinen eigenen Anteil am Scheitern der Beziehung an. Bitte ernsthaft um Vergebung. (2) Nimm dir die nötige Zeit dazu, in Ruhe die Gründe zu erklären, warum du dich dazu entschieden hast, diese Beziehung zu beenden. (3) Zieh einen echten Schlussstrich.

Manchmal profitiert ein Paar auch davon, wenn die Beziehung für eine gewisse Zeit „auf Eis gelegt" wird – das kann eine Zeit zum Nachdenken und für Heilungsprozesse sein, eine Zeit, um den guten Rat von anderen und die Führung des Herrn zu suchen. Wenn man eine solche Phase der Distanz wählt, dann sollten beide damit einverstanden sein. Wenn aber eine Beziehung beendet wurde, dann ist es nicht richtig und fair, im Stillen doch zu erwarten, dass der/die andere „auf dich wartet". Wenn bekannt geworden ist, dass ihr Schluss gemacht habt, dann seid ihr beide frei, die Führung Gottes zu suchen und euch nach einer anderen Beziehung umzusehen. Sowohl das Verliebtsein als auch die Ausschließlichkeit eurer bisherigen Beziehung sind damit endgültig vorbei.

Pause zum Nachdenken:

Drängt der Geist Gottes mich dazu, eine Liebesbeziehung auf Eis zu legen oder zu beenden? In welchem Maß bin ich selbst Ursache des Problems? Was soll ich jetzt tun? Wie gehe ich vor, um dabei Jesus die Ehre zu geben?

# SCHLUSS

Für deine Suche nach einem Lebenspartner hält die Heilige Schrift keine anerkannte Standardmethode bereit. Sie gibt uns aber Wertevorstellungen und Richtlinien, um dem Christen bei seinen Entscheidungen zu helfen. Für die meisten von uns ist die Ehe der Plan Gottes, aber das Singledasein ist eine ehrenhafte Alternative für Menschen, die es entweder für sich so gewählt haben oder die zu einem ehelosen Leben berufen sind. Der Herr Jesus hat gezeigt, dass die Ehe nicht notwendig ist, um ein vollständiges und erfülltes menschliches Dasein zu erleben.

Wenn eine Beziehung auf dem Weg zur Ehe von Anfang an ungesund ist oder sich dahin entwickelt hat, dann sollte man aktiv eingreifen. Wenn das Problem weiter bestehen bleibt, dann braucht man Mut, um die Beziehung entweder für eine Zeit auf Eis zu legen – damit man einen gewissen Abstand gewinnt und Zeit findet, um wieder klarer und objektiver zu sehen –, oder um die Beziehung klar und eindeutig zu beenden. Dies muss auf eine Art und Weise geschehen, die echten Respekt für die jeweils andere Person zeigt und dabei den Herrn ehrt.

Die Wahl des Lebenspartners ist eine der wichtigsten Entscheidungen, die du auf der Erde triffst. Aber im Wesentlichen ist der Entscheidungsprozess der Gleiche wie bei anderen Entscheidungen, die du als Christ treffen musst. Wir haben über das „Fischteich"-Modell nachgedacht, in dem ein Christ auf der Grundlage biblischer und anderer Kriterien ganz bewusst bestimmte Leute aus der Gruppe potenzieller Ehepartner ausschließt. Menschen, die diesen Kriterien dagegen entsprechen, können als Fische in einem Teich angesehen werden – als mögliche Ehepartner. Der Christ hat die Freiheit, Single zu bleiben oder irgendeinen der Fische zu heiraten, die in seinen/ihren Teich hineingekommen ist.

### Was solltest du jetzt tun?

Du hast jetzt einige Zeit damit verbracht, die wichtigsten Bibelstellen, Prinzipien und Argumente durchzudenken, die für Beziehungen auf dem Weg zur Ehe von Bedeutung sind. Ich hoffe, du fandest es interessant und lehrreich. Du bist nun, wie jeder Christ, dazu aufgefordert, dein Leben mit dem Wort Gottes in Übereinstimmung zu bringen. Muss etwas verändert werden? Solltest du eine ungesunde Gewohnheit oder Lebenspraxis korrigieren?

Solltest du in irgendeinem Bereich eine mutige Initiative starten?

Wir wissen sehr wohl, dass unsere Lebensentscheidungen mehr von unserem Herzen als von unserem Intellekt bestimmt werden. Eine rationale Argumentation allein kann, obwohl sie sicher hilfreich ist, doch kaum unser Verhalten verändern. Entscheide dich, dein Herz dem Herrn hinzugeben. Bekräftige erneut die Eigentumsrechte Christi auf dein Leben. Entscheide dich, auf die Weisheit deines himmlischen Vaters und auf seine Liebe zu dir zu vertrauen. Und sobald unser Herz richtig tickt, verhalten wir uns ganz automatisch so, dass wir Gott damit verherrlichen – auch wenn es nicht immer einfach ist.

*Ich ermahne euch nun, Brüder,*
*durch die Erbarmungen Gottes,*
*eure Leiber darzustellen als ein lebendiges,*
*heiliges, Gott wohlgefälliges Opfer,*
*was euer vernünftiger Gottesdienst ist.*
*Und seid nicht gleichförmig dieser Welt,*
*sondern werdet verwandelt*
*durch die Erneuerung des Sinnes,*
*dass ihr prüfen mögt, was der Wille Gottes ist:*
*das Gute und Wohlgefällige und Vollkommene.*
(Römer 12,1-2).

Außerdem vom selben Autor
erhältlich:

**Meinst du noch
oder glaubst du schon?**
*Gute Gründe für deinen Glauben*

In diesem Buch geht Philip Nunn auf die Grundlagen
unseres Glaubens ein und hinterfragt, ob das
Christentum überhaupt Sinn macht. Er beschäftigt
sich mit alternativen Theorien zur Schöpfung und dem
Begriff der Wahrheit. Dabei beantwortet er Fragen wie:
Wie sicher können wir uns sein? Warum ist Wahrheit
wichtig? Gibt es keine anderen Wege zu Gott als
Jesus? Er untersucht kritische Argumente gegen den
christlichen Glauben und zeigt, weshalb diese nicht
tragfähig sind.

Tb., 160 S. ,11 x 18 cm
Best.-Nr. 271 351
ISBN: 978-3-86353-351-9

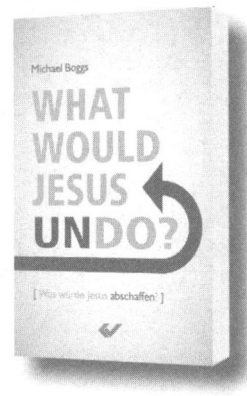

Michael Boggs
**What Would Jesus Undo?**
*Was würde Jesus abschaffen?*

Der Slogan „What Would Jesus Do?" ist altbekannt,
doch Michael Boggs dreht in diesem Buch den
Spieß um und fragt nicht, was Jesus tun, sondern
was er alles abschaffen würde. Schließlich ist das
Neue Testament voll von Geschichten über Jesus, in
denen er Barrieren niederreißt, um eine persönliche
Beziehung mit den Menschen haben zu können. Die
meisten dieser Barrieren, dieser Mauern in unseren
Herzen und Köpfen, existieren auch heute noch. Ein
herausforderndes Buch, das uns einlädt, uns selbst zu
prüfen und die Grenzen zwischen uns Menschen und
zwischen den Menschen und Gott zu überwinden.

Pb, 160 S., 13,5 x 20,5 cm
Best.-Nr. 271 410
ISBN 978-3-86353-410-3